パリの
歴史散歩ノート

Cahier de Promenades
sur l'Histoire de Paris

2000年の歴史と美食を旅する7日間

2000 ans
d' Histoire et de Gastronomie
en 7 jours

森田けいこ

山本ゆりこ

誠文堂新光社

はじめに

Avant-Propos

おいしいものを食べながらパリの記憶をたどる旅

はるか紀元前、セーヌ河の中州シテ島に生まれたパリは
時代ごとに造られる城壁を次々と脱皮するように
2000年の時を経て少しずつ大きくなっていきました。

本書はこの2000年の歴史を８つの時代に分け
ルートつき地図と効率的なタイムスケジュールで
パリのおいしいものを堪能しながら
各時代を1日かけて巡る7つの章と
時系列で俯瞰する現代の章で構成されています。
時代の歴史的背景をコンパクトにまとめ
それぞれの時代の選りすぐりのスポットを
写真と歴史的エピソードで解説しました。

石畳の路地に今も息づく歴史の記憶と
シェフが腕をふるう料理は
現地を歩いてこそ味わえる旅の醍醐味。
パリの歴史を歩きつくした森田けいこと
パリのおいしいものを知りつくした山本ゆりこが出会い
2000年の歴史とグルメを堪能するという
今までなかった贅沢な旅のプランが生まれました。

紀元前から現代まで一国の中心であり続け
政治、経済、文化の中枢を担い続けた
類い稀な都市、パリ。
その魅力を探る旅をご案内します。

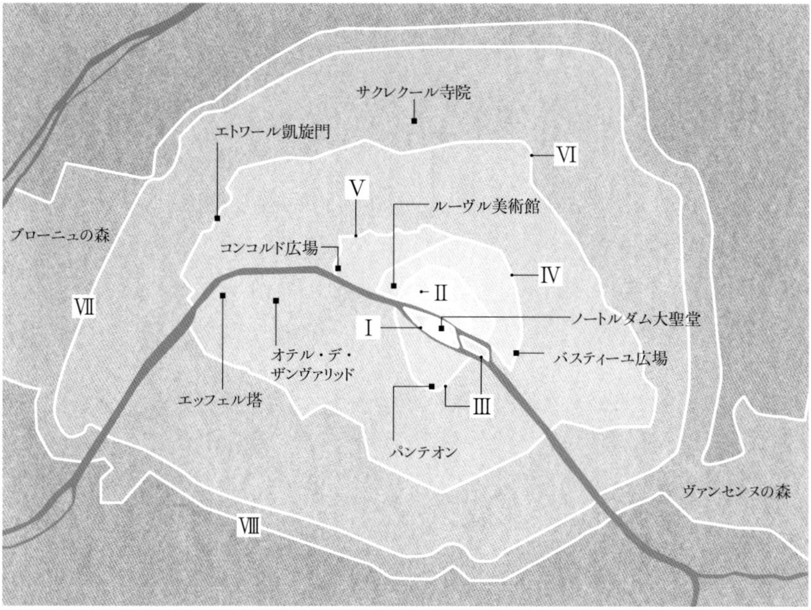

⚜パリの範囲の変遷

紀元前、セーヌ河の中州にあるシテ島に誕生したパリは、城壁の役割を果たすセーヌ河に守られていました。やがてパリは両岸に広がり、陸地に造られた城壁はパリの境界線となります。都市の成長とともに増築が繰り返され、パリはほぼ同心円状に大きくなっていきました。現在パリを囲むのは、城壁跡に造られた環状高速道路と、東のヴァンセンヌの森、西のブローニュの森です。

⚜城壁名と完成年

Ⅰ：４世紀頃……………………ガロ・ロマンの城壁〈古代〉
Ⅱ：10世紀頃……………………中世最初の城壁〈中世〉
Ⅲ：1213年頃完成………………フィリップ・オーギュストの城壁〈中世〉
Ⅳ：1383年頃完成………………シャルル5世の城壁〈中世〉
Ⅴ：1635年頃完成………………ルイ13世の城壁〈近世〉
Ⅵ：1790年完成…………………徴税請負人の壁〈革命〉
Ⅶ：1844年完成…………………ティエールの城壁〈近代〉
Ⅷ：1860年以降…………………現在のパリ〈近代・世紀末・現代〉

本書の見方

本書はパリの歴史を7時代「古代、中世、ルネサンス、近世、革命、近代、世紀末」に分け、各時代を1日かけてまわるコースの案内です。併せて、おいしい朝食、ランチ、お茶の時間、ディナーも楽しめます。「現代」は戦後新たに建てられた文化的建造物を、コース案内ではなく、時系列でご紹介しています。

地図の見方

❶ ……………コースで行くスポットの順番
R1……………休日の場合の代わりの飲食店
E1……………他にもおすすめしたいアドレス（p.142～p.151）の関連スポット
Ⓜ RER………地下鉄、RERの駅
▨ ……………主な名所、建物／■…………緑地／……………風車
✝ ……………教会／▨…………水場／◎…………噴水／☰…………階段
R. ……………Rue（〇〇通り）の略
Av.……………Avenue（〇〇大通り）の略
Bd……………Boulevard（〇〇大通り）の略
Pl.……………Place（〇〇広場）の略
Sq.……………Square（〇〇小公園または小広場）の略
P.ge …………Passage（〇〇パサージュ）の略
Imp.…………Impasse（〇〇袋小路）の略

- 地図上の赤い点線が歩くルートです。なお、ページ内に収めるため、地図の縮尺はコースによって異なります。
- 同じ道を行き来する場合は、両方を指した矢印で書いています。
- パリ市内は、工事、修復、イベント、デモンストレーション、ストライキなどで、立ち入り禁止、通行禁止になる場合が多々あることをご了承ください。
- フランスは緯度が高いため、夏と冬では日照時間の差があります。夏至は日の出が6時頃、日没が22時頃、冬至は日の出が8時半頃、日没が17時頃になります。

ルートについて

- 歩く速度やパリを歩いた経験があるかないかで、移動時間には個人差が出るため、タイムスケジュールは目安としてお考えください。なお、前のスポットからほど近いスポットには時間を入れていません。
- スポットの中には、もともと一般公開されておらず、外観のみの見学となるところもあります。データ欄に時間や休みに関する情報が入っていないものは、基本的にこれに該当します。また、一般公開されていて、ルートでは外観のみの見学となるものには、データ欄に「＊本コースでは外観のみ見学。」という注意書きを入れています。
- 特にディナーで訪れる飲食店は、事前にオンラインもしくは、ホテルの人にお願いするなどして予約をしておくこと（予約の仕方p.155）をおすすめします。
- 紹介している飲食店が休みの場合も含め、近くのおすすめのお店を紹介しました。地図上のR1～R46で記しています。
- 美術館・博物館は基本的に月曜か火曜が休館日です。月曜、火曜にコースをまわる場合は、事前にご確認ください。
- 新型コロナウイルス以降、オンライン予約優先となっている施設が多数ありますので、コースで訪れる要予約のスポットには、データ欄にⓇマークを入れています（予約の仕方p.154）。

⚜ 他にもおすすめしたいアドレス（p.142～p.151）の関連スポットの場所について、各時代の地図上にあるものは、時代に関係なく、E1～E34で記しています。併せてお楽しみください。

☞ 本文について

⚜ ①最初の見開きで、各時代で巡るスポットを地図で紹介しています。目的地は丸数字で記し、数字はまわる順です。
②2見開き目は、その時代の概要を解説しています。解説内に出てくるルート上のスポットには❺等を入れています。
③3見開き目からは、ルート順に各スポットを詳しく解説しています。

⚜ スポット名のフランス語はデータ欄上部に書かれているので、探すときの参考にしてください。

⚜ スポットの解説文の下にある‖　‖は、別の時代にも関連のある事柄を記していますので、併せてお楽しみください。

⚜ 〇〇（p.xx）は、xxページに載っている〇〇の太字表記の前後に〇〇について詳しく書かれている、もしくはxxページに〇〇に関するスポットが載っているという意味です。

⚜ 〇〇（羅／△△）という表記は「〇〇はラテン語で、日本語では△△という意味」、また〇〇（英：△△）という表記は「〇〇は英語で△△」という意味です。仏＝フランス語、羅＝ラテン語、英＝英語、西＝スペイン語を表しています。

⚜ 日本の1階はフランスではRez-de-chaussée（地上階）、日本の2階は1er étage（1階）となるため、「日本の階（仏：フランスの階）」としています。例）3階（仏：2階）

⚜ データ欄には住所（飲食店は電話番号も）、時間、休み、料金、SNSのアカウント（Ⓘ はInstagram、Ⓕ はFacebook）やURLを掲載しています。インターネットの普及により、簡単に情報を発信できるようになり、時間、休み、料金等に変更が多々発生していますので、データ欄にあるURLでの事前確認をおすすめします。また、Instagramには最新情報が発信されていることが多いので、併せてご覧ください。

⚜ 交通機関の乗り方、教会や美術館などの利用の仕方、飲食店の予約の仕方等は、本書のコースをより楽しむために（p.154）をご覧ください。

⚜ 本書は2024年1月現在のデータを掲載しています。

☞ ルート範囲図

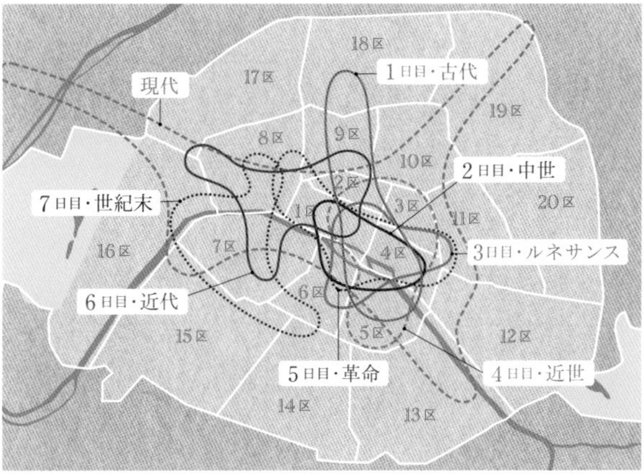

1日目・古代のパリ

Premier Jour · Antiquité

{紀元前1～5世紀}

パリの始まりの地、シテ島から出発

パリの始まりの地シテ島から出発し、左岸へ。紀元前1世紀から約400年続いた古代ローマの足跡が潜むカルチェ・ラタン（文教地区）を歩きます。途中、5世紀に活躍したパリの守護聖女サント・ジュヌヴィエーヴゆかりの場所も探訪。最後は右岸北部のモンマルトルに移動し、3世紀に活躍したもうひとりの守護聖人サン・ドニの伝説が残る場所を巡ります。

ルート I

Cité 駅からスタート　赤い点線……に沿って❶→⓫の順に歩く。
Pont Marie 駅から乗車

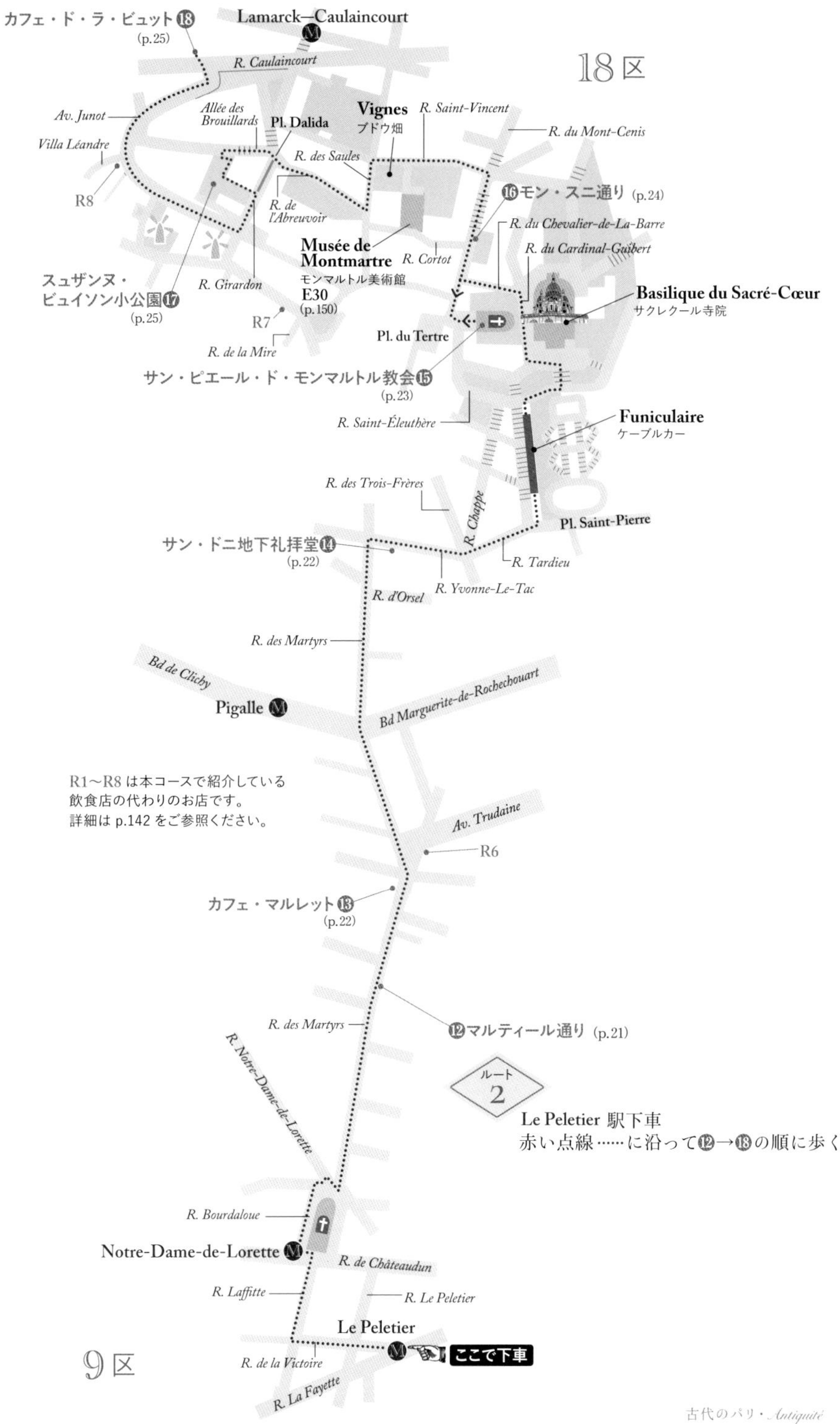
カフェ・ド・ラ・ビュット⑱
(p.25)
Lamarck—Caulaincourt
18区
R. Caulaincourt
Av. Junot
Villa Léandre
R8
Allée des Brouillards
Pl. Dalida
Vignes
ブドウ畑
R. Saint-Vincent
R. du Mont-Cenis
R. des Saules
R. de l'Abreuvoir
⑯モン・スニ通り (p.24)
R. du Chevalier-de-La-Barre
R. du Cardinal-Guibert
Musée de Montmartre
モンマルトル美術館
E30
(p.150)
R. Cortot
スュザンヌ・ビュイソン小公園⑰
(p.25)
R. Girardon
R7
R. de la Mire
Basilique du Sacré-Cœur
サクレクール寺院
Pl. du Tertre
サン・ピエール・ド・モンマルトル教会⑮
(p.23)
R. Saint-Éleuthère
Funiculaire
ケーブルカー
R. des Trois-Frères
R. Chappe
Pl. Saint-Pierre
サン・ドニ地下礼拝堂⑭
(p.22)
R. Tardieu
R. Yvonne-Le-Tac
R. d'Orsel
R. des Martyrs
Bd de Clichy
Pigalle
Bd Marguerite-de-Rochechouart
R1〜R8 は本コースで紹介している
飲食店の代わりのお店です。
詳細は p.142 をご参照ください。
Av. Trudaine
R6
カフェ・マルレット⑬
(p.22)
R. des Martyrs
⑫マルティール通り (p.21)
R. Notre-Dame-de-Lorette
ルート
2
Le Peletier 駅下車
赤い点線……に沿って⑫→⑱の順に歩く
R. Bourdaloue
Notre-Dame-de-Lorette
R. de Châteaudun
R. Laffitte
R. Le Peletier
Le Peletier
ここで下車
9区
R. de la Victoire
R. La Fayette

パリの誕生と古代ローマの足跡

パリはセーヌ河に囲まれた**シテ島**が誕生の地。農業や漁業を営む小さな村でしたが、紀元前、古代ローマに征服され属州になります。以降、パリは古代ローマの植民地として整備されていきました。

最初に地中海沿岸で文明が花開いたのは南岸のエジプト。やがて文明は地中海北岸に広がり、古代ギリシャに続いて古代ローマが興隆します。一方、アルプスを越えた北方ガリアには、森に暮らし動植物を信仰する民が暮らしていました。のちにケルト人と呼ばれ、パリの先住民となる人々です。紀元前3世紀、ケルト人の**パリシイ族**が、森に囲まれた盆地を流れる河の中州（現シテ島）に居を構え、集落ルテティア（羅／パリ）を造ります。シテ島を抱くように流れる河を女神セクアナ（現セーヌ河）と呼び、右岸の一番高い丘（現モンマルトルの丘）を聖地としました。

古代ローマが勢力を強めると、紀元前1世紀、ローマ軍総督ユリウス・カエサル（英：ジュリアス・シーザー）がガリアを攻撃〈ガリア戦争〉。パリシイ族をはじめとするケルト人たちは、若き勇者ウェルキンゲトリクスをリーダーに戦ったものの、パリの南東にあるアレシアにて敗北〈アレシアの戦い〉。ウェルキンゲトリクスは降伏し、紀元前52年、パリを含むガリアの集落はすべて古代ローマの属州となりました。

これにより古代ローマ軍は、これまで征服してきた属州と同じように、パリにも新たな小ローマを構築します。その場所に選ばれたのが、左岸の一番高い丘（現サント・ジュヌヴィエーヴの丘、p.19）です。この丘に沿って、古代ローマ都市のエレメントとなる基幹道路 ❺、公共広場（p.19）、公衆浴場 ❼、円形闘技場 ❽ などが造られ、右岸のモンマルトルの丘には、多神教による古代ローマ神話の神々を祭る神殿（p.23）が建てられました。やがて、ガリアとローマの文化は融合し、ガロ・ロマン（仏／ガリア・ローマ）と呼ばれる文化が形成されていきます。

古代のパリについてⅡ

パリの守護聖人、サン・ドニと サント・ジュヌヴィエーヴ

250年頃、キリスト教がこの地にも伝わり始め、パリ初代司教**ドニ**がローマ帝国（古代ローマが帝政になってからの呼称）から派遣されました。ドニはパリの人々を、当時異教とされていたキリスト教に改宗させた罪で、モンマルトルの丘で斬首刑に処されます⓯。伝説によると、ドニは首をはねられたあと自らその頭部を抱え、説教（聖書の教えを説き導くこと）しながら北へ歩き続けました⓰。そして、パリ北部の都市サン・ドニ辺りで崩れるように倒れ、絶命。のちに列聖され、**サン・ドニ**（仏／聖ドニ）となります。

その後、キリスト教はローマ帝国の国教とされ、フランスではキリスト教の国王によるメロヴィング朝が開かれます。この頃パリ郊外に、羊飼いの娘**ジュヌヴィエーヴ**が生まれました。彼女は幼い頃から敬虔なキリスト教徒だったため、オセールの司教（p.62）に見出され、両親の死後パリに移住し、修道女として禁欲・清貧の生活を送ります。当時のパリは、ローマ帝国の勢力が弱まる中、パリを狙う異民族の攻撃を受け、不安定な情勢が続いていました。5世紀、アッティラ王率いるフン族がパリへ迫ってきた際、恐怖に逃げ惑うパリの人々を救ったのが、ジュヌヴィエーヴの予言と祈りです。「パリに留まりみなで祈ればフン族は退きパリは救われます」という予言どおり、フン族はパリを逸れ、南下していきました。人々は彼女の奇跡を讃え、パリの守り神として崇めるようになります。その後も彼女は疫病から人々を守り、飢饉の際には食糧調達に尽力するなど、パリの人々のために人生を捧げました。ジュヌヴィエーヴも列聖され、**サント・ジュヌヴィエーヴ**（仏／聖女ジュヌヴィエーヴ）になります。

パリ揺籃《ようらん》の地シテ島をはさみ、右岸の丘でドニが殉教し、左岸の丘にはジュヌヴィエーヴが埋葬されました。モンマルトルとサント・ジュヌヴィエーヴの丘、両岸の高みから、ふたりの守護聖人が、古代の時代より絶えることなく、今もパリを見守り続けているかのようです。

ルート I ☞ Métro 4番線　Cité駅からスタート

❶ 9：00　朝食の定番タルティーヌをほおばる

ノートルダム大聖堂 (p.38) の目と鼻の先という立地にありながら、地元民にも愛され、3代続く家族経営のカフェ・レストラン。朝食セットはタルティーヌかクロワッサンなどに、温かい飲み物とジュースがつきます (a)。

a

オ・ブニャ
Au Bougnat
㊟ 26 rue Chanoinesse
75004 Paris
㊪ 01 43 54 50 74
㊡ 9:00 ～ 24:00
土・祝　10:00 ～ 24:00
朝食
9:00 ～ 11:30
土・祝　10:00 ～ 11:30
㊡ 日
Ⓘ @aubougnat
https://aubougnat.com/

❷ 9：50　ガリアとローマが融合したガロ・ロマン時代の城壁跡

にぎやかなシテ島 (p.12) に、ひっそりと残る裏道のコロンブ通り。通りの中ほどの石畳に目をやると、石の並べ方が他とは違う一画が横断しているのに気づきます。その石畳跡に続くアパルトマンの壁面には、これが古代に造られた城壁跡だというパリ市の説明が。シテ島にパリが生まれた証です。

通りの6番地、右側にあるアパルトマンの壁に掲げられた銘板。

少し色が淡い石畳がガロ・ロマン時代の城壁跡。

ガロ・ロマン時代の城壁跡
Muraille Gallo-Romaine
㊟ 6 rue de la Colombe 75004 Paris

「シテ島のガロ・ロマン時代の城壁　道路上に示されている跡は1898年に発見された痕跡である。1902年7月パリ市」と書かれている。

③ 10：00　パリのおへそ、ゼロ地点

ノートルダム大聖堂前の広場に、4つの敷石に囲まれ、羅針図が刻印された八角形のブロンズ板が埋め込まれています。これは、フランスの道路元標。フランス中の道路にある「パリへあと何km」という標識の測定となる起点です。ちなみに、この上で片足を軸にターンすると、パリに戻れるというジンクスがあるとか。

円の石部分にPOINT ZERO DES ROUTES DE FRANCE（フランス道路ゼロ地点）の文字が刻まれている。

ポワン・ゼロ
Point Zéro des Routes de France
住 Parvis Notre-Dame−Place Jean-Paul-II 75004 Paris

④ 10：10　工事中に発見された古代の地下遺跡

ノートルダム大聖堂前広場の西側にある階段を降りたところに、古代から19世紀までの地下遺跡を鑑賞できる小さな博物館があります。遺跡発見は1965年のこと。地下駐車場を建築中に、12世紀のノートルダム大聖堂建築の頃の道や建物の基礎部分が現れ、さらに掘るとガロ・ロマン時代の公衆浴場や城壁跡が、さらに掘り続けると紀元前にセーヌ河に造られた港などが出現したのだとか。長い間、広場の下で眠り続けていた遺跡からは、パリで最も古いこの地区が、都市としてどのような変遷をたどってきたのかを知ることができます。また、古代や中世の建築方法や生活様式をテーマにした企画展も随時行われています。

a

b

広場に面した階段（a）を降りたら博物館入口がある（b）。この施設はノートルダム大聖堂火災後の修復に伴う周辺の再開発により、2024年から2027年まで改築予定。

シテ島地下遺跡
Crypte Archéologique de l'Île de la Cité
住 7 parvis Notre-Dame−place Jean-Paul-II 75004 Paris
時 10:00 〜 17:15（12/24・31は17:00まで）
休 月、祝（開館する祝日もあり）
料 9€（18歳未満無料）
@crypte_paris
https://www.crypte.paris.fr

⑤ 11:15　ローマ人が造った基幹道路、サン・ジャック通りを歩く

古代ローマによって碁盤の目状に敷かれた**街道**は、南北を走る道をカルド、東西を走る道をデクマムヌスと呼び、メインとなる基幹道路にはマクシムスがつきます。この通りは古代のパリを南北に貫くカルド・マクシムス。ローマ人はパリシイ族（p.12）が居を構えていたシテ島（p.12）から、見晴らしのよい左岸の丘にこの通りを敷設し、シテ島には政治の中枢機関を、通り沿いに数々の公共施設を建設しました。シテ島と左岸を結ぶこの道は、いわば古代パリのメイン・ストリート。敷設当時からほとんど変わらない位置と道幅で、中世に入ると巡礼路となり、サン・ジャック（仏／聖ヤコブ、p.46）通りと呼ばれるようになります。また、サン・ジャック通りと交差するサン・ジェルマン大通りやエコール通りは、東西を結ぶデクマムヌス。エコール通りを越え、さらに南のスフロ通りは、東西の基幹道路デクマムヌス・マクシムスの一部だったといわれています。

通り名がサン・ジャックと呼ばれるようになったのは中世。サン・ジャックの塔（p.39）を起点にスペインのサン・ジャックの聖地まで向かう一大巡礼路となったため。

当時からほとんど変わっていないというこの通りは、北はセーヌ河を越えてサン・マルタン通りに、南はオルレアンへ向かう道に続いている。

サン・ジャック通り
Rue Saint-Jacques
㊟ Rue Saint-Jacques 75005 Paris

⑥ 11:30　ローマ建国を物語る、狼と双子の像

クリュニー中世美術館（p.34）とソルボンヌ大学にはさまれた、古代ローマが敷設した道路デクマムヌスのひとつのエコール通り沿いに、サミュエル・パティ小公園があります。この公園に入って左側に進むと、狼の乳を飲む双子のブロンズ像「カピトリヌスの雌狼」が。古代ローマのシンボルともいえるこの像は、古代ローマ神話の中のローマ建国にまつわる伝説がモチーフになっています。伝説によると、紀元前8世紀ごろ、眠っていた巫女の夢の中に軍神マルス（p.47）が現れ、巫

ソルボンヌ小公園、ポール・パンルヴェ小公園の名を経て、2021年よりサミュエル・パティに。

女は双子の兄弟を授かります。彼らの名はロムルスとレムス。ときの王に命を狙われ、密かに隠されたふたりは狼に育てられることに。しかし、成長すると互いに争う運命に巻き込まれ、決闘の末、勝ったロムルスが丘の上に築いた町が、彼の名前をとってローマと呼ばれるようになったのです。この像は、パリとローマの姉妹都市提携の記念として、1962年にローマ市から贈られ、パリの中でも最も古代ローマらしさが残るカルチェ・ラタン(p.28)に置かれました。オリジナルはイタリア・ローマの丘の上に建つカピトリーノ美術館で見ることができます。

ローマ市は友好の記念として、世界各地にこの像を寄贈している。

a

b

c

a：文教地区という場所柄か、教育制度などに尽力した偉大な教育者オクターヴ・グレアールの胸像がある。b：パンテオン（p.70）内のサント・ジュヌヴィエーヴ（p.13）の生涯を描いた画家ピュヴィス・ド・シャヴァンヌの胸像も。c：小公園の外、エコール通り沿いにあるモンテーニュの像はポール・ランドスキ（p.21）によるもの。モンテーニュはルネサンス時代の思想家で、エッセイ（随筆）の生みの親ともいわれる人物。彼の足先に触れると学業成就のご利益があるとか。d：写真奥に見えるクリュニー中世美術館の中世風の庭園をイメージして整えられた小公園。

d

古代ローマの狼像
Statue de la Louve Romaine

住 Square Samuel-Paty 75005 Paris
時 9:30 ～、土・日 9:00 ～
閉園17:00 ～ 20:30（季節により変更）
https://www.paris.fr/lieux/square-samuel-paty-2444

⑦ 11:40　パリにもあったテルマエ(公衆浴場)!

クリュニー中世美術館 (p.34) に隣接する、サン・ミシェル大通りとサン・ジェルマン大通りが交わる一画に、公衆浴場 (羅 / テルマエ) 跡があります。赤レンガと石の層が成すアーチに支えられた石の空間は、当時の約1/3ほど。微温、高温、冷水浴室と仕切られ、トレーニングジムも併設されていた、いわば古代の総合健康センターでした。壁面にはフレスコ画やモザイク模様で、ローマ人の郷愁を誘う海にまつわる装飾が施されていたそうです。

サン・ミシェル大通り沿いから鉄柵越しに見える浴場跡。パリには3つの公衆浴場があったが、残っているのはここのみ。

サン・ジェルマン大通り側の公園から見る冷水浴室の外観。内部は中世のルートで訪れる、クリュニー中世美術館で見ることができる。

クリュニー公衆浴場跡
Thermes de Cluny

㊟Rue Du Sommerard 75005 Paris
Boulevard Saint-Michel 75005 Paris
＊本コースでは外観のみ見学。

⑧ 12:00　ローマ最大の娯楽施設、円形闘技場

モンジュ通りに突如として現れる石の門 (a) をくぐると、天空の下に広がるリュテス (仏／古代ローマ時代のパリ) 円形闘技場跡が目前に現れます。地層に埋もれ、伝説の中にだけ存在していた円形闘技場が現実のものとして姿を現したのは、19世紀のパリ大改造 (p.101) によるモンジュ通り敷設のときでした。約1万5千人を収容し、喜劇に悲劇、剣闘士や猛獣によって繰り広げられたスペクタクルに歓声が響いたのは遥か昔のこと。今ではパリジャンの憩いの場になっています。

a

モンジュ通りにある入口。アーチ中央の石造りの騎士のかぶとが目印。

円形闘技場はラテン語でアレーナ、フランス語でアレーヌという。観客席にのぼって、当時の雰囲気を味わってみよう。

リュテス円形闘技場跡
Arènes de Lutèce

㊟49 rue Monge 75005 Paris
㊐8:00～、土・日9:00～
閉園は17:45～21:30 (季節により変更)
https://www.paris.fr/lieux/square-des-arenes-de-lutece-et-square-capitan-1760
＊トイレあり

⑨ 12：30　自然派ワインの先駆的存在、料理も美味

自然派ワインを提供するネオビストロスタイルを早くから確立した人気店。グラスワインの種類も豊富で、黒板に書かれた季節の料理（前菜6品から8品、メイン4品から5品、チーズ・デザート5品）と共に味わえます。

カフェ・ド・ラ・ヌーヴェル・メリー
Café de la Nouvelle Mairie
住 19-21 rue des Fossés-Saint-Jacques 75005 Paris
電 01 44 07 04 41
時 8:00 〜 24:00、ランチ12:00 〜 14:30
休 土、日、祝

ランチのあと、教会へ向かう途中に横切るパンテオン広場。ここから西へ続くスフロ通りとサン・ジャック通り（p.16）が交わるところに、**公共広場**がありました。公共広場は人々が政治や哲学について自由に演説し、市場も開かれた、古代ローマ人のマルチスペースでした。

⑩ 14：10　パリの守護聖女の魂が息づく教会

サン・テティエンヌ・デュ・モン教会は左岸で最も標高の高い丘の上にあります。この丘にフランク王国初代王クロヴィス1世（p.28）が、サン・ピエール（仏／聖ペトロ、p.46）とサン・ポール（仏／聖パウロ、p.46）に捧げた教会を建立。足繁く通ったジュヌヴィエーヴ（p.13）は死後この教会に埋葬されました。そのため中世にはこの辺り一帯がジュヌヴィエーヴの名を冠した**教会と修道院**となり、丘は**サント・ジュヌヴィエーヴの丘**、通った道はサント・ジュヌヴィエーヴの丘通り（p.20）と呼ばれるように。同じ頃、この教会の隣にキリスト教最初の殉教者サン・テティエンヌ（仏／聖ステファノ）に捧げた教会が建てられ、15世紀から17世紀に再建され現在の姿に。一方、先にあったサント・ジュヌヴィエーヴ教会は革命を経て19世紀にとり壊されたため、サント・ジュヌヴィエーヴにまつわるものはサン・テティエンヌ・デュ・モン教会へ移され、ふたりの聖人が祭られる教会となりました。

教会正面の像は、右が羊を連れたサント・ジュヌヴィエーヴ(b)。左がサン・テティエンヌ（a）。

1

教会内の見どころは、まず、祭壇中央にある繊細な石造りの仕切り（c）です。これはジュベと呼ばれ、パリに唯一残された大変貴重なものとされています。さらに右側廊を奥に進むとサント・ジュヌヴィエーヴ（p.13）の祭室があり、サント・ジュヌヴィエーヴの棺と聖遺物が、彼女の歴史を描いたステンドグラスのもとに安置されています。彼女の死後も「サント・ジュヌヴィエーヴの棺に触れると病が直る」と信じられ、疫病が流行るたびに棺が担ぎ出され、トゥルネル橋（p.21）を渡り、ノートルダム大聖堂（p.38）までを往復する宗教行列が行われてきました。

d

e

f

c：レースのように美しい見事なジュベ。d：サント・ジュヌヴィエーヴの棺。棺と彼女の遺体は革命時に破壊されたため、後世の複製品が置かれている。e：サント・ジュヌヴィエーヴの棺の行列を描いたステンドグラス。サント・ジュヌヴィエーヴ教会とサン・テティエンヌ・デュ・モン教会が並んでいる時代の姿を見ることができる。f：革命時の破壊後、奇跡的に発見されたサント・ジュヌヴィエーヴの指が聖遺物として収められた小さな棺。

正面扉の左にはサント・ジュヌヴィエーヴのレリーフとモノグラム（イニシャルの組み合わせ）SGが、右にはサン・テティエンヌのレリーフとSEがあしらわれている。

サン・テティエンヌ・デュ・モン教会
Église Saint-Étienne-du-Mont
住 Place Sainte-Geneviève 75005 Paris
時 8:00 ～ 19:30 、月 14:30 ～ 19:30、水 8:00 ～ 22:00
土・日 8:00 ～ 20:30
（ヴァカンス中は月曜休み、水曜19:30まで）
https://www.saintetiennedumont.fr

サント・ジュヌヴィエーヴの丘通りは、生前はジュヌヴィエーヴが教会へ通い、死後は彼女の棺が宗教行列で通った道。この宗教行列は現在も続いており、彼女の祝日の1月3日に同じルートで再現されています。この道はもともと、古代ローマが敷いた街道（p.16）のひとつでした。

⑪ 15：00　聖女の像が立つトゥルネル橋を渡る

サン・ルイ島に架かるトゥルネル橋の左岸側のたもとに、高さ約15mのサント・ジュヌヴィエーヴの像があります。20世紀に建てられたこの彫像は、ポーランド系フランス人彫刻家**ポール・ランドスキ**によるもの。パリを象徴する少女に寄り添う姿から、サント・ジュヌヴィエーヴがパリの守護聖女であることが表されています。

作者のポール・ランドスキはリオデジャネイロにあるコルコヴァードのキリスト像を手がけた人物。

トゥルネル橋
Pont de la Tournelle
㊟Pont de la Tournelle 75004, 75005 Paris

ルート 2 ☞ Métro 7番線　【乗車】Pont Marie駅 La Courneuve–8 Mai 1945行き
【下車】Le Peletier駅

⑫ 15：40　サン・ドニが歩いたマルティール通り

モンマルトルは「殉教者の山」を意味するモン・デ・マルティールが語源という説もある。

マルティールとは殉教者（自らが信仰する宗教のために命を落とした者）の意味。サン・ドニ（p.13）はパリの初代司教に任命されローマからやってきましたが、当時は異教とされていたキリスト教に人々を改宗させた罪で死刑宣告を受けます。ふたりの同志と共にこの緩やかな勾配をのぼり、頂上にあった神殿（p.23）の前で斬首刑に処されました。サン・ドニの殉教後、この道は彼をしのぶ巡礼路となります。

現在のマルティール通りは、おいしいお店がひしめき合うグルメ通り。

マルティール通り
Rue des Martyrs
㊟Rue des Martyrs 75009, 75018 Paris

⑬ 16：00　ベーキングミックスブランドが営むカフェ

大西洋岸に浮かぶレ島出身の姉妹がプロデュースする、お菓子やパンのベーキングミックスブランドMarlette（マルレット）。オーガニックやフェアートレードなど、こだわり抜いた素材をブレンドしたミックスを使ったスイーツがいただけます。

ドリンクは
必ず小菓子つき。

カフェ・マルレット
Café Marlette
住 51 rue des Martyrs 75009 Paris
電 01 48 74 89 73
時 8:00 ～ 17:00、土・日 9:30 ～ 19:00
@marlette_marlette_
https://www.marlette.fr/

⑭ 17：00　ふたりのパリの守護聖人をつなぐ場所

３世紀に殉教したサン・ドニ（p.13）と同志ふたりのために、サント・ジュヌヴィエーヴ（p.13）が５世紀にここに礼拝堂を建てたと伝えられています。また16世紀には、ここでイグナチオ・デ・ロヨラ、フランシスコ・ザビエルらが、キリスト教の修道会イエズス会を創立。これらふたつの出来事を記念して19世紀にこのサン・ドニ地下礼拝堂が再建されました。

開館時間が限られているので、
ここでは外観のみを鑑賞。

サン・ドニ地下礼拝堂
Crypte du Martyrium de Saint-Denis
住 11 rue Yvonne-Le-Tac 75018 Paris
時 金 15:00 ～ 18:00
http://cryptemartyrium-paris.cef.fr
＊本コースでは外観のみ見学。

サン・ドニ地下礼拝
堂の歴史が書かれた
フランス語の看板。

フニキュレール（仏／ケーブルカー）に乗って、パリで一番標高が高いモンマルトルの丘の頂上へ。サクレクール寺院（p.121）前の広場から、サント・ジュヌヴィエーヴの丘にそびえるパンテオン（p.70）など、パリを一望することができます。サクレクール寺院の入口の両脇にある2体の騎馬像は、正面向かって右側がジャンヌ・ダルク（p.29）、左側がサン・ルイ（p.29）です。

⑮ 17：20　サン・ドニが斬首された場所に建つ教会

古代ローマがパリを治めていた時代、ここにはローマ神マルス（軍神、p.47）とメルクリウス（商業の神、p.114）を祭る**神殿**がありました。サン・ドニは、この神殿前で斬首刑に処されたと伝えられています。中世の時代になり、王立修道院の教会として建立されたのがこのサン・ピエール・ド・モンマルトル教会。サン・ジェルマン・デ・プレ教会（p.30）と並び、パリ最古の教会のひとつに挙げられます。教会に入ってすぐの右側廊にサン・ドニ像（c）、主祭壇正面の右側にはサン・ドニを表したステンドグラス（d）が。主祭壇のまわりの柱頭には約2千年前の装飾が残り、神殿だった頃をしのぶことができます。

a

b

c

d

a：この教会の建立は12世紀初頭。 b：教会の名前になっているサン・ピエール（仏／聖ペトロ、p.46）の像は、ヴァチカン市国のサン・ピエトロ大聖堂のレプリカだとか。 c：スュザンヌ・ビュイソン小公園（p.25）のサン・ドニ像の原型。 d：教会の主祭壇。

サン・ピエール・ド・モンマルトル教会
Église Saint-Pierre de Montmartre

㊟ 2 rue du Mont-Cenis 75018 Paris
㊓ 10:00 ～ 12:00、15:00 ～ 18:00
土 10:00 ～ 12:00、15:00 ～ 19:00
日 15:00 ～ 18:00
休 月
https://www.saintpierredemontmartre.net

⑯ 18：00　奇跡の伝説が残るモン・スニ通りを歩く

サン・ドニ（p.13）の奇跡は、断頭されてから始まります。彼は腕をのばし、はねられた頭部を抱きかかえ、そのまま歩き出したのです。その道がこのモン・スニ通り。伝説では、サン・ドニは歩きながら説教を続け、モンマルトルの丘から北に約7kmの小さな町で絶命します。その町がのちにサン・ドニと呼ばれるようになりました。モン・スニ通りにある階段の上からは、はるか正面に、大都市となったサン・ドニを見ることができます。サン・ドニが埋葬された教会は、12世紀にフランスの歴代国王が埋葬されるサン・ドニ大聖堂（p.143）へと発展。建築史上初のゴシック様式で建設され、その技術を引き継ぎ、ノートルダム大聖堂（p.38）が建てられました。

ルートではモン・スニ通りにあるこの階段を降りる。

階段からの眺め。建物の間からサン・ドニの街並みが見える。

モン・スニ通り
Rue du Mont-Cenis
住 Rue du Mont-Cenis 75018 Paris

モン・スニ通りから左に曲がり、サン・ヴァンサン通りをくだると、左側にパリ唯一のブドウ畑（a）が見えてきます。ブドウやワイン造りは古代ローマ人がもたらしたもの。当時ビールを飲んでいたパリの先住民ケルト人は、ワインをビール樽でねかせるとおいしいことを発見し、フランスワインが生まれたといいます。古代ローマ時代、サント・ジュヌヴィエーヴの丘（p.19）もここモンマルトルの丘も、斜面はブドウ畑で覆われ、製粉のための風車（b）もたくさんあったとか。ブドウ畑と風車はワインとパンの源。生きる糧として、キリスト教の救世主イエスの血と肉の象徴として、人々の暮らしに浸透していきました。

a

b

a：このブドウ畑では、毎年10月に収穫祭が開かれる。
b：ルートでは通らないがモンマルトルに残る風車、今はレストランとなっているムーラン・ド・ラ・ガレット。

⑰ 18：30　サン・ドニにゆかりのある小公園

ブドウ畑からソル通り、アブルヴォワール通り、ブルイヤール小道と、モンマルトルらしい路地を抜け、スュザンヌ・ビュイソン小公園へ。異国の植物をとり扱う貿易商の庭園だったこともあるからか、斜面や段差の複雑な地形を利用して、様々な植物が植えられています。アール・デコ（p.128）様式の円形建築、プラタナス、ポプラ、桜、リンゴなどの木々や、季節の草花が彩る花壇（b）を通り、公園の中央へ。そこには斬首されたサン・ドニが自分の首の血を洗い流したと伝えられる水場があり、そのほとりには、静かに佇むサン・ドニ像（a）が。水場の西側には遊具スペース、東側にはペタンク（南仏発祥の高齢者に人気の球戯）ができるスペースもあり、伝説の地は老若男女が憩う、穏やかな公園になっています。

サン・ドニはパリの最初の司教でフランスの国民的聖人。14 救難聖人のひとりにもなっている。

スュザンヌ・ビュイソン小公園
Square Suzanne-Buisson
住 7 bis rue Girardon 75018 Paris
時 8:00 ～、土・日 9:00 ～
閉園 17:00 ～ 20:30（季節により変更）
https://www.paris.fr/lieux/square-suzanne-buisson-2688
＊トイレあり
＊10月下旬から3月下旬は閉園しているので、地図の緑の線のルートを歩く。

⑱ 19：00　モンマルトルの麓の本格派ビストロ

親戚である前オーナーからこの店を受け継ぎ、「丘のカフェ」という店名はそのままに。壁のモンマルトルの風景や天井に描かれた空（a）が素敵です。料理は以前と変わらない、新鮮な食材をふんだんに使ったおいしいビストロ料理を提供しています。自家製の鴨のコンフィ（b）は絶品。

チョコレートムースも美味。

カフェ・ド・ラ・ビュット
Café de la Butte
住 71 rue Caulaincourt 75018 Paris
電 01 46 06 46 82
時 12:00 ～ 14:00、19:00 ～ 23:00
休 月曜のランチ、日
https://cafedelabutte.fr/
＊オンライン予約可

2

2日目・中世のパリ

Deuxième Jour · Moyen Âge

{5世紀～1453年}

中世の暮らしとジャンヌ・ダルクがいた頃を歩く

当時はパリを囲む城壁の外だったサン・ジェルマン・デ・プレ教会からスタート。フィリップ・オーギュスト（フィリップ2世）が造らせた城壁の西側から入り、中世美術の宝庫の教会や大聖堂、日々の暮らしが繰り広げられた路地を巡ります。城壁の東側まで到達したら、中世のパリの横断達成です。最後は中世のヒロイン、ジャンヌ・ダルクゆかりの場所へ。

ルート I

Mabillon 駅からスタート　赤い点線…… に沿って❶→㉒の順に歩く。
Pont Marie 駅から乗車

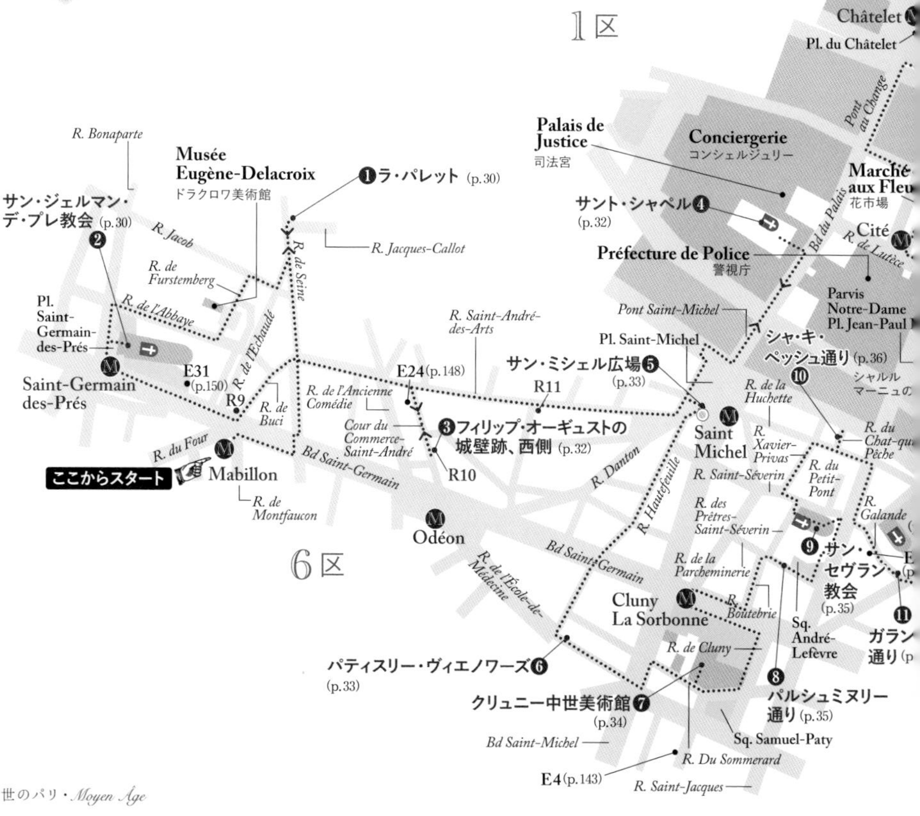

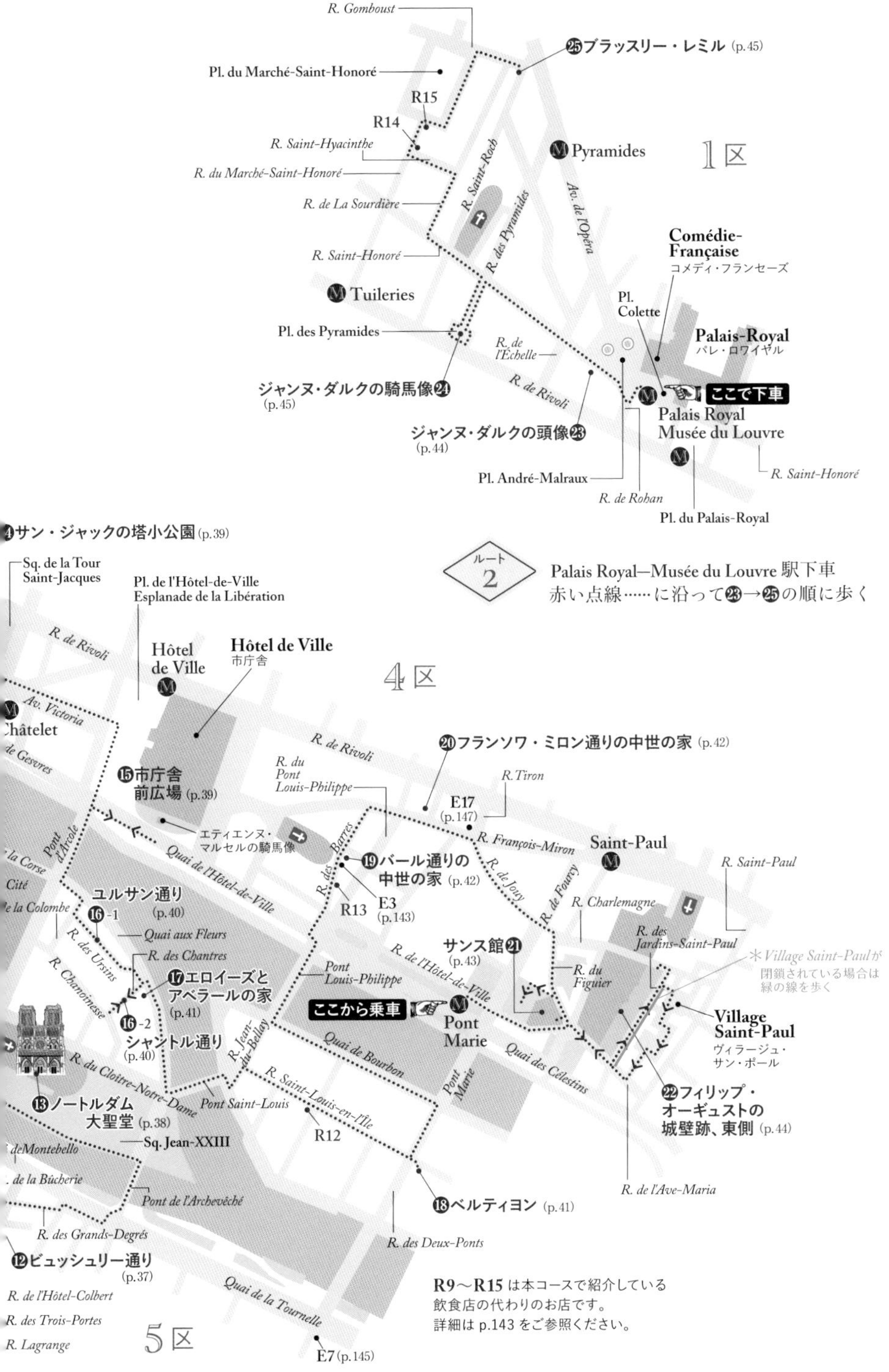

2

ルート2　Palais Royal—Musée du Louvre 駅下車
赤い点線……に沿って㉓→㉕の順に歩く

R9〜R15 は本コースで紹介している
飲食店の代わりのお店です。
詳細は p.143 をご参照ください。

城壁に囲まれた 中世都市へ

十字軍、黒死病（ペスト）、魔女狩りと続き、暗黒時代とも呼ばれた中世は、481年、初の王国となるフランク王国メロヴィング朝が創設された頃に始まります。初代国王**クロヴィス1世**は、508年、パリを王国の首都に制定しました。彼がキリスト教に改宗し、国教としたため、古代ローマがパリに建てた神殿は、教会に造り替えられていきます。左岸の丘の神殿跡に創立された修道院は、のちにサント・ジュヌヴィエーヴ修道院（p.19）に。クロヴィス1世の息子**キルデベルト1世**も、神殿跡に修道院を創設。これがのちのサン・ジェルマン・デ・プレ修道院❷になり、シテ島の神殿跡に建立された教会が、のちのノートルダム大聖堂⓭となります。

王朝はカロリング朝へと移り、現在のフランス、ドイツ、イタリアまで領土を拡大した**シャルルマーニュ**（仏／カール大帝）は、首都をアーヘンに遷都しました。これによってパリの政治力が弱まり、さらにフランク王国分割によりカロリング朝が弱体化すると、ヴァイキングの侵略が活発化。パリはヴァイキングに包囲されます。これらを撃退したユーグ大公の息子ユーグ・カペーが、カペー朝を創設して即位。これ以降、フランク王国はフランス王国となり、パリはフランスの首都に返り咲きました。

カペー朝の王**フィリップ・オーギュスト**（フィリップ2世）は、十字軍遠征中にパリが襲われることを案じ、西を守る**要塞**（のちのルーヴル宮殿、現ルーヴル美術館）と、パリを囲む城壁❸㉒の建築を命じます。これによって、城壁内には小道が入り組み、道沿いには木組みの家々⓳⓴が並ぶ、中世らしい町並みが生まれました。12世紀頃、右岸にレ・アール（仏／中央市場）が開かれ、13世紀には、左岸に**カルチェ・ラタン**（学問用語であるラテン語が話されていた中世からの文教地区）と呼ばれる由縁となる、ソルボンヌ大学が創設されます。5世紀から15世紀の約千年の間、パリは祈りの聖世界と職人や商人の活気あふれる俗世界が混ざり合う中世都市へと成長したのです。

王たちによる
キリスト教信仰と百年戦争

フィリップ・オーギュストの孫、**ルイ９世**は、イエスが磔刑時に被っていた荊《いばら》の冠の一部を聖遺物として購入し、これを納めるためにサント・シャペル❹を建立。また、十字軍の遠征を２度も行います。死後、これらの功績により列聖され、**サン・ルイ**（仏／聖ルイ）になりました。そして、王たちが十字軍の遠征をしていた12世紀からパリの中心で刻々とその姿を現していったのが、14世紀に完成したノートルダム大聖堂⓭です。

中世の最盛期に約３世紀続いたカペー朝が断絶すると、ヴァロワ朝が跡を継ぎます。しかし、そこへ王位継承権を要求してきたのが、イングランド王エドワード３世。これが、フランスとイギリスの間で続いた**百年戦争**の幕開けとなります。長引く戦争による重税に耐えかねたパリの商人頭（のちの市長）**エティエンヌ・マルセル**（p.39）は、王家に対して反乱を起こしパリを占拠。当時の王太子、のちの**シャルル５世**は、エティエンヌ・マルセルを暗殺してパリを奪還します。この内乱の教訓から、シャルル５世は西のルーヴル要塞と対になる、東のバスティーユ要塞（のちのバスティーユ牢獄、p.90）の建築を命じました。またエティエンヌ・マルセルがとりかかっていた新たな城壁建築を引き継ぎ、右岸を囲む城壁を完成させます。

シャルル５世の跡を継いだシャルル６世は精神錯乱に陥り、王の発狂が再びフランスに内乱をもたらしました。この混乱に乗じてまたも攻めてきたイングランド軍は勢いよく勝ち進み、ついにパリを攻略。このとき連敗していたフランス軍を救ったのが、かの**ジャンヌ・ダルク**です。神の声を聞いた彼女はフランス軍の士気を上げ、**シャルル７世**をランスの大聖堂での戴冠に導きます。しかし最後は捕虜となり異端審問の末、火刑に。わずか19歳でその生涯を閉じたのでした。フランス国王となったシャルル７世は、その後も戦い続け、ついにイングランドからパリを奪還し、百年戦争は終結。同時に、中世という長い時代も終わりを告げます。

ルート I ☞ Métro 10番線　Mabillon駅からスタート

❶ 9：00　ボザールこと国立高等美術学校近くのカフェ

創業1902年の老舗。画学生がコーヒー代の代わりにパレットを置いていったのが店名の由来だといいます。朝食セットは2種。ひとつは温かい飲み物＋ヴィエノワズリー＋オレンジジュース（b）。もうひとつは先の3つに目玉焼きとバゲットのタルティーヌがプラスされます。アラカルトの卵料理（a）も美味です。

ラ・パレット
La Palette

住 43 rue de Seine 75006 Paris
電 01 43 26 68 15
時 8:00～深夜2:00、朝食 8:00～11:30
Ⓘ @lapalette.officiel

a

b

❷ 10：00　パリ最古のひとつ、サン・ジェルマン・デ・プレ教会

中世の城壁内に入る前に、中世の頃から存在していたという教会へお参りを。キルデベルト1世（p.28）は自身が持ち帰った聖遺物を納めるため、543年、郊外だった野原に修道院を建立します。そこにパリ司教を務めたサン・ジェルマン（仏／聖ゲルマヌス）が埋葬されたため、サン・ジェルマン・デ・プレ（仏／野原の聖ゲルマヌス）修道院と呼ばれるようになりました。以降、サン・ドニ大聖堂（p.143）が建てられるまで、ここが王家の墓所になります。現在の姿はサン・ジェルマン・デ・プレ修道院に3つあった鐘楼のうちのひとつと、その下の教会部分。鐘楼の尖塔部は19世紀のものですが、その下はロマネスク様式で、11世紀に造られたパリ最古のもの（a）です。

a

教会内の見どころは、修復を終え、鮮やかな色彩が蘇った柱や壁、天井です（b、c）。中世当時は、どの教会もこのように彩色がほどこされていたといいます。

‖ルネサンス‖ 黒死病流行の際、カトリーヌ・ド・メディシス（p.50）と息子シャルル9世が避難しました。

教会中央の左側に安置されているNotre-Dame au Sourire（微笑みの聖母、d）。13世紀半ばのもので、1999年に近くの通りで発掘された。

もうひとつの見どころは、正面扉から入り、本堂に入る手前の右側にある小さな礼拝堂（e）。床に、576年に亡くなったサン・ジェルマンの墓があった場所が記されている（f）。

サン・ジェルマン・デ・プレ教会
Église de Saint-Germain-des-Prés
住 3 place Saint-Germain-des-Prés 75006 Paris
時 7:30 ～ 20:00、土8:30 ～ 20:00、日・月9:30 ～ 20:00
https://eglise-saintgermaindespres.fr/

❸ 10：30　フィリップ・オーギュストの城壁跡、西側から

中世のパリをぐるりと囲んだフィリップ・オーギュスト（p.28）の城壁は、右岸に6つ、左岸に5つの門がありました。現マザリヌ通りとブチ通りの交差路の辺りにあったのが、そのひとつのブチ門。今はなき門をくぐり、中世のパリへ。サン・タンドレ・デ・ザール通りに入ってすぐ右側にある石畳の細い道、**クール・デュ・コメルス・サン・タンドレ**（a）を進むと、左側に出てくるブラッスリー・デ・プレ（b）のガラス越しに城壁跡（c）を確認できます。城壁や塔は、他の建築物に転用されたり石材として使われたりして、少しずつ消えていきましたが、今でもパリに数カ所、このような跡を見ることができます。フィリップ・オーギュストの城壁は、60mおきに直径6m・高さ15mほどの3階建ての塔が77本あり、店内に見えているのはその塔の部分です。

a

b

c

フィリップ・オーギュスト城壁跡、西側
Enceinte de Philippe-Auguste, Côté Ouest
住 6 cours du Commerce-Saint-André 75006 Paris
Brasserie Des Prés（ブラッスリー・デ・プレ）内

❹ 11：00　宝石箱のようなサント・シャペル

ルイ9世（のちのサン・ルイ、p.29）が荊の冠を奉納し、王の居室から直接行けるように造らせた礼拝堂がサント・シャペル（仏／聖なる礼拝堂）。地上階には、サン・ルイの像と、その左側にパリで最も古いフレスコ画「受胎告知」があります。諸所に見られる百合の図像はフランス王国の、城の図像はルイ9世の母后の故国カスティーリャ王国の紋章です。後方のせまいらせん階段をのぼり、王家の者のみが入室を許された礼拝堂へ入ると、ステンドグラスの光と色彩があふれる別世界が現れます。奇跡的に革命時の破壊から逃れたパリ最古のステンドグラスに包まれ、万華鏡の中にいるようです。

創世記から復活までの聖書の物語が左から右、下から上へと並ぶ。祭壇正面には荊の冠をかぶるイエスが、階段の向かいには、サン・ルイが荊の冠を持ち帰る場面がある。

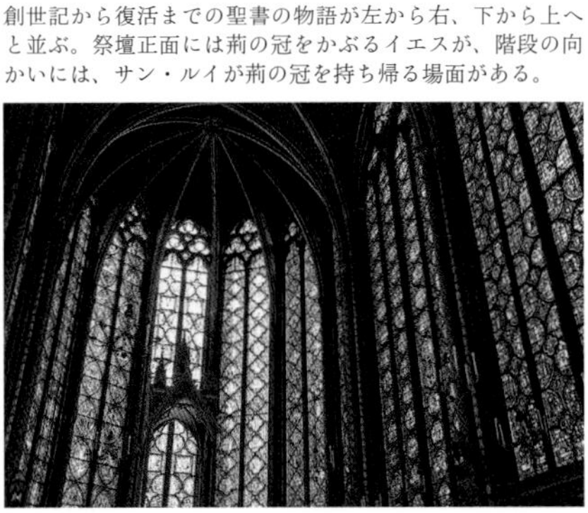

サント・シャペル Ⓡ
Sainte-Chapelle
住 10 boulevard du Palais 75001 Paris
時 4/1 ～ 9/30　9:00～19:00
10/1～3/31　9:00～17:00
（入館は30分前まで）
休 1/1、5/1、12/25
料 13€（18歳以下無料）
@sainte_chapelle
https://www.sainte-chapelle.fr/

❺ 雄壮なサン・ミシェルが立つ広場

サン・ミシェル（仏／大天使聖ミカエル）橋を渡り、サン・ミシェル広場へ。先ほど訪れたサント・シャペル（p.32）と同じ敷地内に、フィリップ・オーギュストが洗礼を受けたというサン・ミシェル礼拝堂がありました。ここには、モン・サン・ミシェルへの巡礼団や、サン・ミシェル騎士団の本拠地も置かれていたとか。礼拝堂はもうありませんが、パリ大改造（p.101）で整備された敷地の、大通り、広場、噴水、橋が、サン・ミシェルと名づけられました。**サン・ミシェル**は、最後の審判を意味する天秤と、悪魔を退治する剣を持ち、ジャンヌ・ダルク（p.29）に神の声を伝えたとされる天使です。

サント・シャペルの入り口近くに掲げられた、サン・ミシェル礼拝堂があったことを示す銘板。

サン・ミシェル広場にあるサン・ミシェル噴水（a）。噴水の上に立つのは剣を掲げ悪魔を踏みつけている大天使聖ミカエルことサン・ミシェル（b）。剣を持つため戦の守護天使として崇められ、十字軍がさかんに行われた中世には、サン・ミシェル信仰が広まったという。

サン・ミシェル広場
Place Saint-Michel
㊟Place Saint-Michel 75005, 75006 Paris

❻ 12：00　学生街にあるウィーン風サロン・ド・テ

創業1928年、オーストリアをはじめとする中央ヨーロッパの素朴なスイーツがいただける貴重なお店です。りんごのシュトゥルーデルやブルーポピーシードを使ったお菓子はこの店ならでは。ランチは12時からで、キッシュやサラダプレート、ラザニア（b）などすべて自家製で価格も良心的。デザート代わりにホットチョコレート（a）もおすすめです。

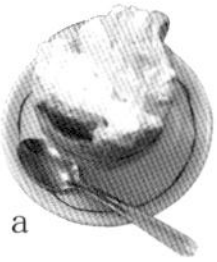

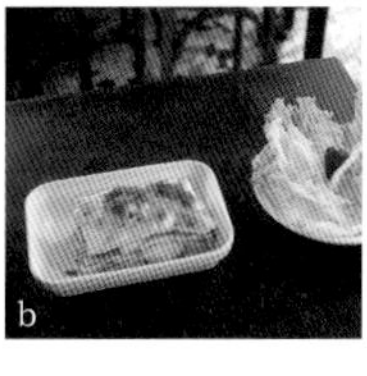

パティスリー・ヴィエノワーズ
Pâtisserie Viennoise
㊟8 rue de l'École-de-Médecine 75006 Paris
㊟01 43 26 60 48
㊟8:00 ～ 19:30、ランチ 12:00 ～
㊟土、日、祝

⑦ 13：00　信仰の美を鑑賞、クリュニー中世美術館

ここはクリュニー修道会の修道院長のパリ邸宅跡に建てられた美術館です。「貴婦人と一角獣」のタペストリーが有名ですが、中世を中心に紀元前1世紀から15世紀までの暮らしぶりを伝える、工芸細工や彫刻、絵画、写本など、所蔵品は多岐にわたります。中世にゆかりのある、以下のオリジナルが展示されています。サント・シャペル（p.32）のステンドグラス、サン・ジェルマン・デ・プレ教会（p.30）の聖母の祭室の門、ノートルダム大聖堂（p.38）の旧約聖書の王たちの頭部（a）、正面門の彫刻、アダム像、サン・ジェルマン・デ・プレ教会とサント・ジュヌヴィエーヴ修道院（p.19）の柱頭です。
‖古代‖　公衆浴場（p.18）の冷水浴室跡が展示室として公開されています。

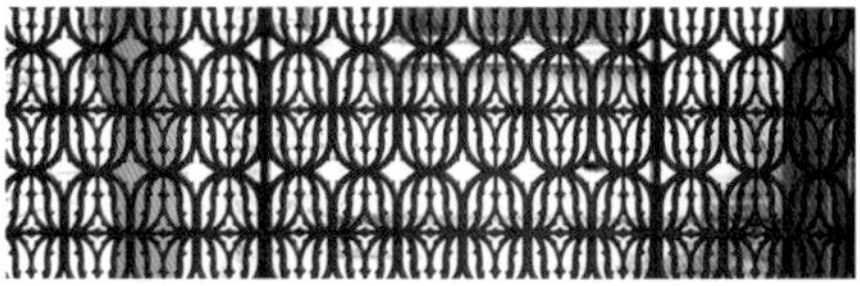

近年の改修工事によりエントランスがきれいになりミュージアムショップも充実。

写真右下にあるのはノートルダム大聖堂の正面に並ぶ旧約聖書の王たちの像の頭部。フランス革命のときにフランス国王の像と間違われ、破壊された姿がそのまま残っている。

クリュニー中世美術館
Musée de Cluny—Musée National du Moyen Âge
住 28 rue Du Sommerard 75005 Paris
時 9:30～18:15（窓口は17:30まで、12/24・31は17:00まで）
第1・第3木曜18:15 ～ 21:00（窓口は20:30まで）
休 月、1/1、5/1、12/25
料 12€（18歳以下無料）毎月第1日曜無料
@ museecluny
https://www.musee-moyenage.fr/

❽ 14：20　中世の紙屋さん、パルシュミヌリー通り

パルシュミヌリーは「羊皮紙屋」という意味。中世のヨーロッパでは、羊の皮を加工した羊皮紙が紙として使われていました。今でも大学の近くに書店や文房具店があるように、ソルボンヌ大学のお膝もとであるこの辺りで、製本や印刷業が栄えていたことがしのばれます。

パルシュミヌリー通り
Rue de la Parcheminerie
㊟Rue de la Parcheminerie 75005 Paris

アンドレ・ルフェーヴル小公園と次に訪れるサン・セヴラン教会にはさまれたこの敷地は、17世紀まで聖職者や教区に住む人々の墓地でした。中世の修道士が瞑想するために造られたといわれている回廊などが、そのままの立地や位置で保存されています。

❾ 14：25　中世建築の変遷が残るサン・セヴラン教会

サン・セヴラン（仏／聖セヴェリヌス）は、6世紀ごろのパリの聖人。人生の大部分をセーヌ河にほど近いこの地で、瞑想と祈りに費やしました。彼の死後に建てられた小さな礼拝堂が改築を重ね、今では、ロマネスク、ゴシック、フランボワイヤンという中世の建築様式を一度に鑑賞できる貴重な教会に。見どころは主祭壇の奥にある、ねじりのある柱（p.36、a）。ヴァチカン市国のサン・ピエトロ大聖堂を支えるために、ソロモンの大神殿から運ばれたという伝説のソロモンの柱を模したものといわれ、通称「ヤシの木」と呼ばれています。

写真中央、ステンドグラスの外壁に見られる炎のような形の装飾がフランボワイヤン様式。フランボワイヤンは（炎が）燃えさかるという意味。

もうひとつの見どころは、鮮やかなステンドグラス。こちらも14世紀から20世紀までの変遷を一度に鑑賞することができます。中でも1970年設置のモダンなステンドグラス（b）は、ポール・ランドスキ（p.21）の学友だったフランス人画家ジャン・バゼーヌによるものです。

a

b

主祭壇に向かって右側にあるサン・セヴランの祭室。同じ時期にサン・セヴランという聖人がもうひとり存在するため、2人の壁画がそれぞれに描かれている。

サン・セヴラン教会
Église Saint-Séverin
住 3 rue des Prêtres-Saint-Séverin 75005 Paris
時 9:30 ～ 19:30、日 9:00 ～ 20:00
https://saint-severin.com/

⑩ 中世のパリで一番せまくて短い通り

レストランや土産店が密集するエリアにあるシャ・キ・ペッシュ通りへ。シャ・キ・ペッシュは「釣りをする猫」という意味。この通りにあった魚屋の看板からつけられた名前で、その魚屋にはセーヌ河で上手に魚を捕まえる黒猫が飼われていたといいます。パリにはさらにせまい通りがあるのですが、中世のパリの範囲では、幅1.8m、長さ29mと、ここが一番せまくて短い通りです。

道の中央にある溝は中世の下水道。ここを通る汚水がそのままセーヌ河に流れ出ていた。

シャ・キ・ペッシュ通り
Rue du Chat-qui-Pêche
住 Rue du Chat-qui-Pêche 75005 Paris

⑪ パリで一番古い看板があるガランド通り

サン・ジュリアン（仏／聖ユリアヌス）の名を冠したサン・ジュリアン・ル・ポーヴル教会に沿うガランド通りへ。42番地にはサン・ジュリアン（p.46）の伝説を彫った、パリで一番古い石の看板があります。彼は旅人や看護師、巡礼者の守護聖人であることから、これは中世の宿泊施設の看板だったのではといわれています。

ガランド通り
Rue Galande
住 Rue Galande 75005 Paris

石に彫られているのは、川を渡る船にイエス（中央）、サン・ジュリアンとその妻が乗っている場面。

⑫ 中世のセーヌ河港、ビュッシュリー通り

ビュッシュは「薪」、ビュッシュリーは「薪置き場」という意味。セーヌ河に近いこの通りは、木材を荷揚げする「薪の河港」と呼ばれた船着場につながっていました。当時セーヌ河にはいくつもの河港があり、干し草、石材、塩、ワインなど、荷揚げするものの名前が河港につけられていました。

ビュッシュリー通り
Rue de la Bûcherie
住 Rue de la Bûcherie 75005 Paris

⑬ 15：00　石の聖書、ノートルダム大聖堂

約200年の歳月をかけ、14世紀に完成したノートルダム大聖堂。ノートルダムは「私たちの貴婦人」という意味で、聖母マリアのことを指します。正面3つの門の彫刻は、中央が「最後の審判」。キリストの下に、天秤を持つサン・ミシェル（p.33）が悪魔と並んでいます。右側は聖母マリアの母である聖女アンナの門、左側は聖母マリアの門です。聖母マリアの門には、ふたりの天使の間にサン・ドニ（p.13）の姿があります。3つの門の上に横一列に並ぶ像は旧約聖書の王たち。バラ窓の中央には、天使に伴われた聖母子像、その左右にアダムとイヴが見えます。中世の時代はこれらの彫刻は彩色されていて、識字率が低かった当時の信者たちに聖書の物語を伝える、石の聖書の役割を果たしていました。

大聖堂へ入り、周廊を交差廊まで進むと、大きなバラ窓が向かい合って見えます。北は聖母マリアのまわりに旧約聖書の人物が、南はキリストのまわりに天使と聖人が描かれています。主祭壇にはイエスの遺体を膝の上に抱き、悲しみにくれる聖母マリアの姿を表したピエタ像が、交差廊にはサン・ドニやジャンヌ・ダルク（p.29）の像が置かれています。異端審問で有罪となったジャンヌ・ダルクの異端を無効にする裁判は、この大聖堂で行われ1456年に無罪判決が下されました。

中世の時代、ノートルダム大聖堂の正門前の広場はせまく、参道沿いには住居がひしめき合っていました。広場の敷地には、正門前に続くこの参道跡が敷石で示されています（a）。セーヌ河寄りに立つのは、8世紀から9世紀にかけてヨーロッパで領土を拡大したシャルルマーニュ（p.28）の騎馬像です。

‖ルネサンス‖　1572年8月17日、アンリ4世と王妃マルゴ（共にp.51）の結婚式が行われました。

‖近世‖　内陣のピエタ像は、ルイ13世（p.68）が、世継ぎが生まれたことに感謝して奉納を計画し、ルイ14世（p.69）が引き継ぎました。右側はルイ13世、左側はルイ14世の像。

‖近代‖　1804年12月2日、ナポレオン1世（p.100）の戴冠式が行われました。

大聖堂前の参道だった、ヌーヴ・ノートルダム通り跡。

アルシュヴェシエ橋を渡る前に見えるノートルダム大聖堂の後陣の眺め。

ノートルダム大聖堂
Cathédrale Notre-Dame de Paris
㊓6 parvis Notre-Dame−
place Jean-Paul-II 75004 Paris
https://www.notredamedeparis.fr/
＊2019年4月15日に火災が発生し、2024年12月再開予定で工事中。

⑭ 15：50　サン・ジャック巡礼の出発点へ

中世では、サン・ジャック（仏／聖ヤコブ、p.46）の聖地であるスペインのサンティアゴ・デ・コンポステーラへの巡礼がブームとなりました。小公園内に立つサン・ジャックの塔は、サン・ジャック・ド・ラ・ブシュリー（ブシュリーは肉屋の意）教会の鐘楼だった部分。右岸に設けられた中央市場（仏：レ・アール）の食肉組合が建てた教会です。この教会は、サンティアゴ・デ・コンポステーラ巡礼路のパリの出発点となり、人々はホタテ貝を巡礼者の証として身につけ、サン・ジャック通り（p.16）を下り、スペインへと向かいました。フランス各地を起点とする巡礼路には、休憩所や宿泊施設が建ち、巡礼者による情報交換や交通網が発達。中世ヨーロッパの発展に大いに貢献しました。

サン・ジャックの塔の高さは54m、塔の頂上には聖ヤコブの像がそびえている。

サン・ジャックの塔小公園
Square de la Tour Saint-Jacques
㊟39 rue de Rivoli 75004 Paris
㊐8:00 ～、土・日 9:00 ～
閉園は17:00 ～ 20:30（季節により変更）
https://www.paris.fr/lieux/square-de-la-tour-saint-jacques-33
＊トイレあり

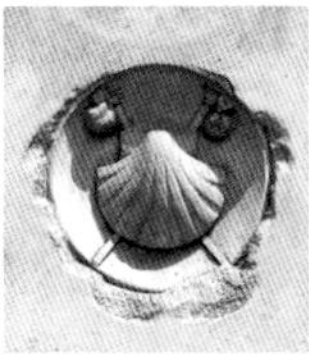

小公園の入り口にある聖ヤコブのシンボル、ホタテ貝。

⑮ 16：00　中世から続く、パリ市政が誕生した広場

当時、この広場はセーヌ河に直結し、重要な河港の役割を果たしていました。13世紀、パリの経済界で最も力を持っていたセーヌ河の水運業組合に、ルイ９世（p.29）がパリ市政の一部を委任。これがやがて行政組織へ発展し、14世紀にはエティエンヌ・マルセル（p.29）が商人頭になり、この地に**市庁舎**の原型を建て、現在に至ります。今も市庁舎が建つこの広場は、1803年まで**グレーヴ広場**と呼ばれ、パリの様々な歴史の舞台に。革命時にギロチン台が置かれる処刑場が増えるまでは、ここがメインの公開処刑場でした。貴族は断頭、平民は首吊り、異端者や魔女は生きたまま火あぶりと処刑方法が決められ、処刑日は一大イベント。屋台や見物客で広場は埋め尽くされたのでした。

この地には砂が敷かれていたため、砂を意味するグレーヴ広場と呼ばれていた。

市庁舎の脇、セーヌ河沿いにあるエティエンヌ・マルセルの騎馬像。

市庁舎前広場
Parvis de l'Hôtel de Ville
㊟Place de l'Hôtel-de-Ville–Esplanade de la Libération 75004 Paris

エティエンヌ・マルセルの騎馬像
Statue Équestre d'Étienne Marcel
㊟Quai de l'Hôtel-de-Ville 75004 Paris

12世紀、グレーヴ広場（p.39）近くの道で、由々しき事件が起こりました。ルイ６世の王子が乗っていた馬に豚が突進し、王位継承者が落馬死したのです。息子を「豚に殺された王子」と笑われた王は、パリでの豚の放し飼いを禁じますが、なかなか守られなかったとか。中世のパリでは、豚や山羊などがいたるところを闊歩していたのでした。

⑯ 16：10　恒久の中世の小道巡り

アルコル橋を渡ってシテ島（p.12）へ。ノートルダム大聖堂（p.38）の参事会が置かれていたこの辺りは、パリ大改造（p.101）から逃れた貴重な小道が残っています。セーヌ河岸から１本入った細い道、ユルサン通りを歩くと、中世風の復刻デザインがあちこちに。ユルサン通りのつき当たりから、シャントル（仏／聖歌隊員）通りの先にノートルダム大聖堂を垣間見るアングル（写真はノートルダム大聖堂の火災以前のもの）は、中世の頃と変わらないパリの面影を残しています。

ユルサン通りは、この通りに住んでいた、エティエンヌ・マルセル（p.29）の７代あとの商人頭ジャン・ジュヴネル・デ・ユルサンにちなんでつけられた。

シャントル通りのこの眺めは、小道巡りのハイライト。

ユルサン通り ⑯-1
Rue des Ursins
㊟Rue des Ursins 75004 Paris

シャントル通り ⑯-2
Rue des Chantres
㊟Rue des Chantres 75004 Paris

⑰ エロイーズとアベラールの家へ

フルール河岸9番地と11番地に、中世で人気を博した神学者アベラールと、その教え子エロイーズが暮らした家があります。ふたりの恋物語とスキャンダル、そして、離れ離れになってから交わされた手紙は中世の人々の心を打ち、『往復書簡集』として出版されました。両門上の石の彫刻と右門の鋳物には、永遠に惹かれ合うふたりの姿が。現世では最後まで離れ離れでしたが、19世紀になってからペール・ラシェーズ墓地(p.149)に一緒に埋葬されたふたりの恋は、中世屈指のロマンスとして語り継がれています(p.47)。

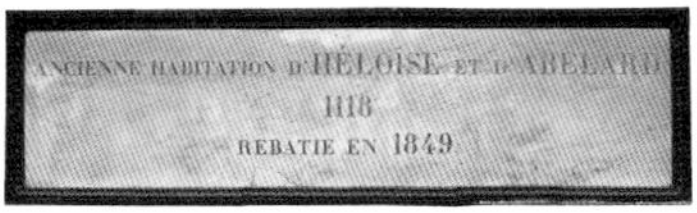

ふたりがこの場所で過ごしたのは1118年のこと。
その後、1849年に改築されたことが記されている。

エロイーズとアベラールの家
Maison d'Héloïse et Abélard
住 9-11 quai aux Fleurs 75004 Paris

⑱ 16：30　パリで一番おいしいアイスクリーム屋

創業1954年、3代以上続く老舗のアイスクリーム専門店。常時約30種のフレーバーのアイスクリームやシャーベットが揃っています。コーンやカップはテイクアウトのみで、店内のサロンで食べる場合は、金属製の器でサーヴされ、別料金で生クリームやソースをつけられます。

冬はホットチョコレートもおすすめ

ベルティヨン
Berthillon
住 29-31 rue Saint-Louis-en-l'Île 75004 Paris
電 01 43 54 31 61
時 10:00 ～ 20:00
休 月、火
@berthillon_officiel
https://berthillon.fr/

⑲ 17：40　木組みが素朴なバール通りの中世の家

ゆるやかな石畳のバール通りをのぼっていくと、右側の最初の角に現れるのが中世らしい木組みの家です。**コロンバージュ**と呼ばれるこの建築様式は、木材で柱や梁などの骨組みを造り、その隙間を漆喰や石、レンガなどで埋めたもの。この家は、中世の頃は修道院施設でしたが、現在はユースホステルとして機能しています。

バール通りには人気のカフェや修道院グッズのお店などがある。

バール通りの中世の家
Maison Médiévale
住 12 rue des Barres 75004 Paris

⑳ 2軒並んだフランソワ・ミロン通りの中世の家

フランソワ・ミロン通りを進むと、左側に現れる隣り合うコロンバージュ(p.42)の家があります。この木組みは20世紀後半まで、壁の下に隠れていたそうです。11番地には「刈取人の印がある家 14世紀」、13番地には「羊の印がある家 14世紀」と書かれた石の看板が掲げられていますが、これらはまだ番地がなかった頃の家の目印になっていたのだとか。通りの名前になっているフランソワ・ミロンは、アンリ4世治世下に、庶民の父と慕われたパリの商人頭です。

11番地の看板。刈取人は大鎌で穀物や草を刈る中世の職業。

13番地の「羊の印がある家」の看板。

フランソワ・ミロン通りの中世の家
Maisons Médiévales
住 11-13 rue François-Miron 75004 Paris

ジュイ通りとフルシー通りとの角の壁に残っている石のレリーフ。これは中世の頃からある職業、研ぎ師です。「包丁、はさみ、研ぎます」という掛け声と共に通りを練り歩いていました。

㉑ 18：00　さし色の赤がきいたサンス館

フィギエ通りの左側に見えてくるのが、サンス大司教のパリの邸宅サンス館 (b)。教会などの宗教建築が多い中世の時代に、個人の邸宅として建てられたパリに残る稀少な館です。この時代、地方の大司教たちが、これほどの邸宅を持てるほど財力があったという証でもあります。現在はフォルネ図書館として機能していますが、入館には図書館カードが必要です。

‖ルネサンス‖　館の前にあった見事ないちじくの木を、この館に一時期暮らした王妃マルゴ (p.51) が通行の邪魔だという理由で切り倒させます。惜しまれたフィギエ (仏／いちじくの木) は通りの名に残りました。

フィギエ通りに面したところにある窓 (e)や門をくぐって中に入ったところのスペース (a、d) も赤がきいている。庭 (c) は見事なフランス式庭園。つげの木を幾何学模様に刈り、その間に草花を植えている。

サンス館［フォルネ図書館］
Hôtel de Sens [Bibliothèque Forney]

住 1 rue du Figuier 75004 Paris
時 11:00 ～ 19:00、土12:00 ～ 19:00
休 日、月
https://www.paris.fr/lieux/bibliotheque-forney-18
＊本コースは庭と外観のみ見学。
＊庭は 7-9 rue du Figuier から入る。閉園は17:20 ～ 20:50 (季節により変更)。

㉒ 18：20　フィリップ・オーギュストの城壁跡、東側まで踏破

ジャルダン・サン・ポール通りに入ると、左側の敷地の奥に壁面が続いています。これが東側の城壁跡（a）です。現在、この敷地は子供たちのスポーツ公園としてネットやポールが立てられています（写真はそれらが立てられる以前のもの）。さらにシャルルマーニュ通りまで行き、左折すると、城壁より高くそびえる塔の跡（b）に到着。これで、フィリップ・オーギュスト（p.28）の城壁内、中世のパリを横断したことになります。

フィリップ・オーギュストの城壁跡、東側
Enceinte de Philippe-Auguste, Côté Est
㊟13 rue Charlemagne 75004 Paris

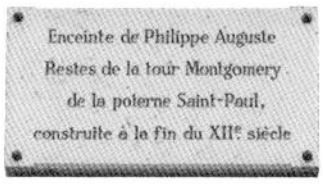

塔の近くに掲げられた銘板には、城壁と塔が12世紀の終わりにフィリップ・オーギュストによって造られたことが示されている。

ルート 2　☞ Métro 7番線　【乗車】Pont Marie駅 La Courneuve－8 Mai 1945行き
【下車】Palais Royal－Musée du Louvre駅 5番出口

㉓ 19：05　ここで負傷、ジャンヌ・ダルクの頭像

サン・トノレ通り（p.92）の建物の壁面に、ジャンヌ・ダルク（p.29）の白い横顔が悲しげに浮かんでいます。ここには、シャルル5世（p.29）が造らせた城壁のサン・トノレ門がありました。百年戦争（p.29）時、英軍が占拠するパリをとり戻すため、ジャンヌ・ダルク率いる軍は、この門から攻撃を試みます。彼女が水堀に足場を造ろうとしていたところ、腿を矢で貫かれ負傷したのが、1429年9月8日のことで、この辺りだといわれています。

アンドレ・マルロー広場に面した街灯の間に見える頭像。

ジャンヌ・ダルクの頭像
Tête de Jeanne d'Arc
㊟161-163 rue Saint-Honoré 75001 Paris

㉔ 19：15　黄金に輝くジャンヌ・ダルクの騎馬像

ピラミッド広場には、武器を持つことを好まず、代わりに旗を持ち軍の先頭に立った、ジャンヌ・ダルクの騎馬像があります。ジャンヌ・ダルクは負傷後、陰謀によって捕らえられ、当時英軍の本拠地だったルーアンで火あぶりの刑に。遺体は聖遺物にならないように骨まで砕かれてセーヌ河に流され、歴史から抹消されました。その後、18世紀にナポレオン1世（p.100）が、聖職者でも王族でもない少女がフランスを勝利に導いた奇跡に自分を重ね、ヒロインとして賞賛。19世紀にはジャンヌ・ダルク信仰が起こり、彼女の絵画や像が多数生まれます。異端者として処刑されたジャンヌ・ダルクは、20世紀にローマ教皇により列聖され、聖女として蘇ったのでした。

像の作者はモン・サン・ミシェルの修道院の尖塔に立つ黄金のサン・ミシェルを手がけた彫刻家エマニュエル・フレミエ。

ジャンヌ・ダルクの騎馬像
Statue Équestre de Jeanne d'Arc
㊟Place des Pyramides 75001 Paris

㉕ 19：30　5つ星ホテル内のモダンなブラッスリー

白いファサードが目印のホテルChâteau Voltaire（シャトー・ヴォルテール）内にあるシンプルモダンなレストラン。季節の食材を使った地中海（主にイタリア）風フレンチが12時からいつでもいただけます。料理名の横にl'Emilマークがついたものは、このレストランのおすすめ、Vマークはヴェジタリアンメニューです。

ブラッスリー・レミル
Brasserie l'Emil
住 55 rue Saint-Roch 75001 Paris
電 01 53 45 91 01
時 7:00 ～ 22:30、食事12:00 ～ 22:15
　日7:00 ～ 15:30、食事12:00 ～ 15:00
休 日曜のディナー
I @ brasserie_lemil
https://www.chateauvoltaire.com/restaurant
＊オンライン予約可

パリの歴史物語Ⅰ

Petites Histoires de Paris I

✦ 聖人たちの物語 ✦

聖人とはキリスト教のカトリック教会において、聖徳を認められた信者に対して死後に贈られる称号です。ローマ教皇によって列福され福者になった信者が、さらに厳選されて列聖され、聖人（仏：男性はサン、女性はサント）になります。聖人には祝日があり（多くは命日）、それが365日の聖人暦となっています。また、聖人は特性によって、国や地域、職業の守護聖人となり、アトリビュート（持ち主にちなんだアイテム）が各聖人を見分ける役割を果たしています。例えば、鍵の束を持っているのは、イエスに天国の扉の鍵を託された**サン・ピエール**（仏／聖ペトロ）、書物か剣またはその両方を持っているのは、新約聖書の一部を書き、剣で断頭され殉教した**サン・ポール**（仏／聖パウロ）です。古代の時代でご紹介したサン・ドニとサント・ジュヌヴィエーヴ（共にp.13）は、パリの守護聖人。サン・ドニのアトリビュートは切られた自らの頭部で10月9日が祝日。羊飼いだったサント・ジュヌヴィエーヴのアトリビュートは羊で1月3日が祝日になります。

サン・ジャック通り（p.16）、サン・ジャックの塔（p.39）の**サン・ジャック**（仏／聖ヤコブ）は十二使徒（イエスに選ばれた弟子）のひとりです。漁師の家に生まれ、福音書を記した弟ヨハネと共にイエスの弟子になりました。遺体はスペイン北西の野原に埋葬され、その地に星が現れたことでサンティアゴ・デ・コンポステーラ（西／星の野原の聖ヤコブ）と呼ばれるように。埋葬された場所には大聖堂が建ち、ローマ内のヴァチカン市国、イスラエルのエルサレムと並び、キリスト教３大聖地のひとつとなっています。

一番古い看板（p.37）に彫られているのは**サン・ジュリアン**（仏／聖ユリアヌス）。運命のいたずらで両親を殺してしまい、その罪を悔い改めるため川のほとりに住みながら、旅人や病人の世話をしていました。ある日、ハンセン病患者から船に乗せてくれと頼まれ快く引き受けたところ、患者はイエスに姿を変え「罪は償われた」と告げられたという伝説が残っています。

大きな歴史の流れの中できらめく
小さな物語をご紹介します。

✦ 神話と真実の物語 ✦

西ヨーロッパ世界の起源から物語るギリシャ神話は、古代ローマの発展と共にローマ神話にとり入れられ、西欧文明のベースとなります。古代のパリでも信仰されていましたが、中世では異教とされ衰退。古代に立ち戻るルネサンス（p.50）を経て、神話は再びパリに。キリスト教の節制や禁欲から解かれ、美しさや心地よさといった人間の五感を味わうギリシャ・ローマの芸術が返り咲きました。そんな神話や史実の中で語られる様々な愛の姿が、パリの街角に浮かび上がります。

太陽王と呼ばれたルイ14世（p.69）が自らを重ねた太陽神アポロン。アポロンの妹は月の女神ディアナですが、ルネサンスの宮廷でアンリ2世（p.50）の愛を独占した公妾はディアナ（仏：ディアンヌ）といいます。アンリ2世は彼女を愛するがあまり、王妃とのモノグラム（p.58、p63）や自らの紋章にディアナのDや女神ディアナのシンボル三日月を忍ばせていたとか。

シャン・ド・マルス（p.125）の**マルス**はローマ神話の軍神です。彼は古代ローマの狼像（p.16）の双子の父親であり、美と豊穣の女神ヴィーナスとの不倫で生まれたアモル（仏／キューピッド）の父親でもあります。このアモルと美しい姫君プシュケとの、ヴィーナスに邪魔されながらの恋物語とハッピーエンドが、スービーズ館（p.76）の王女のサロンの天井に連作で描かれ、ロココ（p.74）の華やぎを添えています。

パリ最古の悲恋の物語は、実在したふたりのアベラールとエロイーズ（p.41）。アベラールは中世の哲学界一の名声を博した教師、エロイーズは彼より20歳以上も年下の美しい娘でした。ふたりはまたたく間に恋に落ちますが、エロイーズの叔父が彼らの仲を許しません。密かに子供を産み結婚したふたりに激昂した彼は、近親者にアベラールの寝込みを襲わせ、局部を切断させます。この事件を境にふたりは世を捨て、別々の修道院で暮らすことに。その後交わされた往復書簡に綴られた、真の愛へと昇華されていくふたりの姿は多くの人の心を打ち、今でも読み継がれています。

3日目・ルネサンスのパリ

Troisième jour · Renaissance

{1453～1610年}

イタリアの賜物、ルネサンス美を鑑賞する

マレ地区からスタートし、パリの中心のレ・アールからシテ島の先端、そして左岸を往来します。アンリ4世が造らせたパリ初の公共広場や新しいスタイルの橋、様式美をもたらしたルネサンス建築の数々、イタリアから嫁いだ王妃たちが造らせた美しい庭園や建物、フランス史に残る宗教戦争の惨劇の舞台など、キリスト教支配から古代ギリシャ・ローマ文化へと回帰し、華やかな王政の萌芽となったルネサンス時代をたどります。

ルート I

Chemin Vert 駅からスタート　赤い点線……に沿って❶→❸の順に歩く。
Saint-Paul 駅から乗車

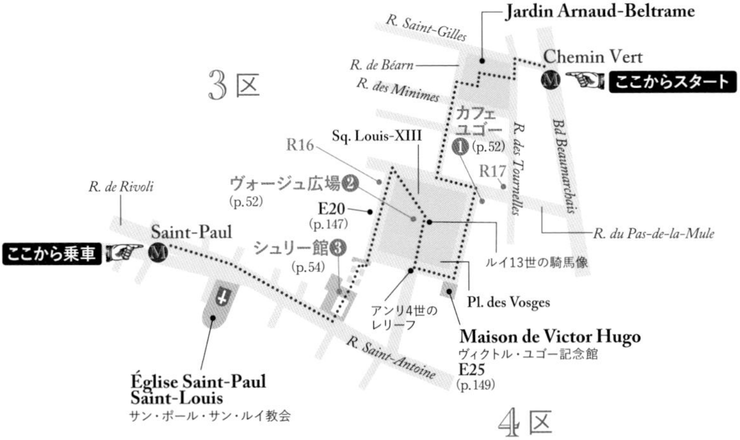

R16～R22 は本コースで紹介している
飲食店の代わりのお店です。
詳細は p.144 をご参照ください。

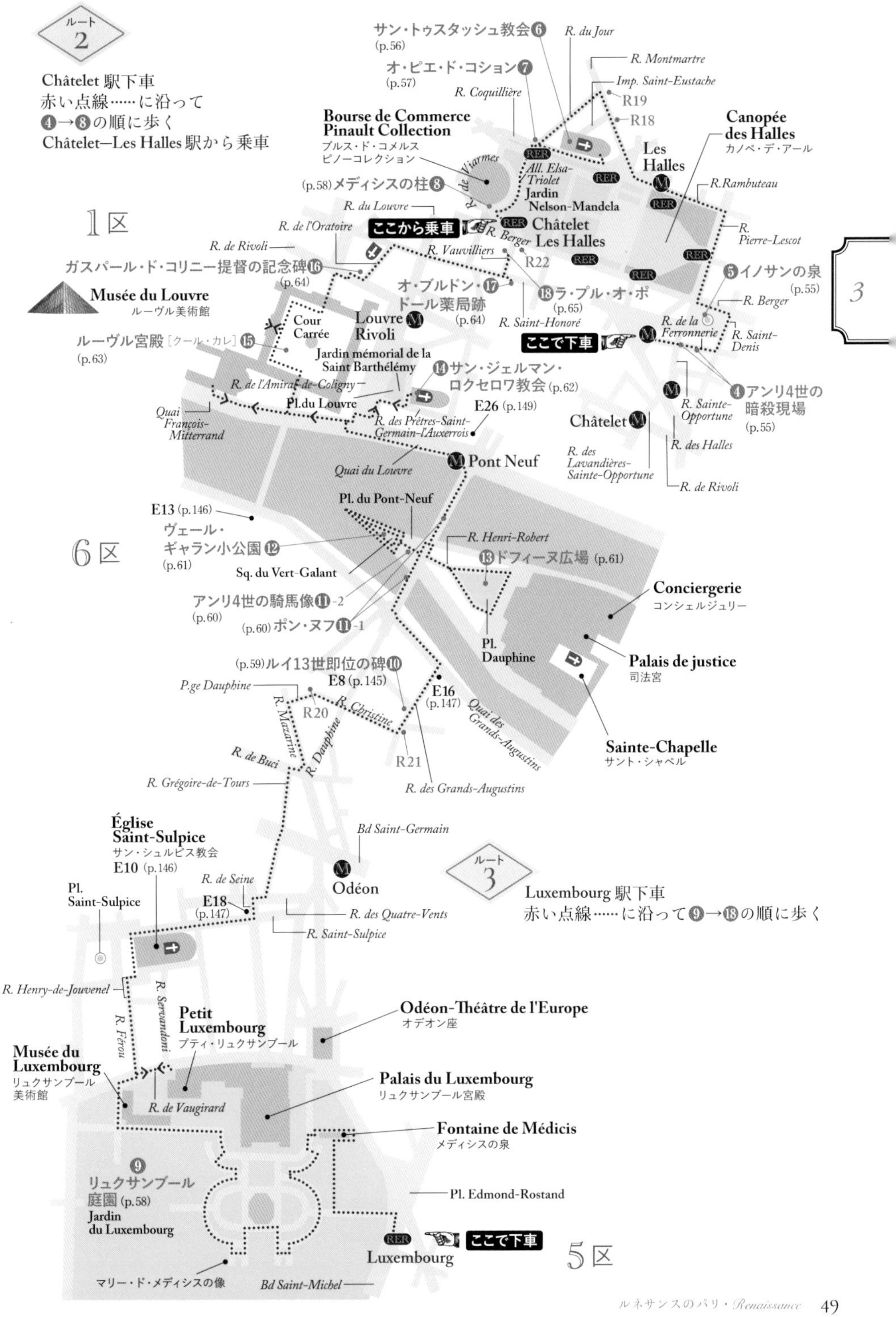

ルート 2
Châtelet 駅下車
赤い点線……に沿って
❹→❽の順に歩く
Châtelet—Les Halles 駅から乗車
1区
6区
5区
3
サン・トゥスタッシュ教会❻
(p.56)
オ・ピエ・ド・コション❼
(p.57)
R. du Jour
R. Montmartre
Imp. Saint-Eustache
R19
R18
R. Coquillière
Bourse de Commerce
Pinault Collection
ブルス・ド・コメルス
ピノーコレクション
Canopée
des Halles
カノペ・デ・アール
Les
Halles
RER
R. de Viarmes
All. Elsa-Triolet
Jardin
Nelson-Mandela
(p.58) メディシスの柱❽
R.Rambuteau
R. du Louvre
ここから乗車
Châtelet
Les Halles
R. Berger
R. de l'Oratoire
R.
Pierre-Lescot
R. de Rivoli
R. Vauvilliers
R22
ガスパール・ド・コリニー提督の記念碑⓰
(p.64)
❺イノサンの泉
(p.55)
オ・ブルドン・⓱
ドール薬局跡
(p.64)
⓲ラ・プル・オ・ポ
(p.65)
R. Berger
Musée du Louvre
ルーヴル美術館
Cour
Carrée
Louvre
Rivoli
R. Saint-Honoré
R. de la
Ferronnerie
R. Saint-
Denis
ここで下車
ルーヴル宮殿［クール・カレ］⓯
(p.63)
Jardin mémorial de la
Saint Barthélémy
⓮サン・ジェルマン・
ロクセロワ教会 (p.62)
❹アンリ4世の
暗殺現場
(p.55)
R. de l'Amiral-de-Coligny
Pl.du Louvre
R. Sainte-
Opportune
Quai
François-
Mitterrand
E26 (p.149)
R. des Prêtres-Saint-
Germain-l'Auxerrois
Châtelet
R. des Halles
R. des
Lavandières-
Sainte-Opportune
Pont Neuf
Quai du Louvre
R. de Rivoli
Pl. du Pont-Neuf
E13 (p.146)
ヴェール・
ギャラン小公園⓬
(p.61)
R. Henri-Robert
⓭ドフィーヌ広場 (p.61)
Sq. du Vert-Galant
Conciergerie
コンシェルジュリー
アンリ4世の騎馬像⓫-2
(p.60)
(p.60) ポン・ヌフ⓫-1
Pl.
Dauphine
Palais de justice
司法宮
(p.59) ルイ13世即位の碑❿
E8 (p.145)
E16
(p.147)
P.ge Dauphine
R. Mazarine
R20
R. Christine
Quai des
Grands-Augustins
R. Dauphine
R21
Sainte-Chapelle
サント・シャペル
R. de Buci
R. Grégoire-de-Tours
R. des Grands-Augustins
Église
Saint-Sulpice
サン・シュルピス教会
E10 (p.146)
Bd Saint-Germain
ルート 3
Odéon
Luxembourg 駅下車
赤い点線……に沿って❾→⓲の順に歩く
Pl.
Saint-Sulpice
R. de Seine
E18
(p.147)
R. des Quatre-Vents
R. Saint-Sulpice
R. Henry-de-Jouvenel
R. Servandoni
R. Férou
Petit
Luxembourg
プティ・リュクサンブール
Odéon-Théâtre de l'Europe
オデオン座
Musée du
Luxembourg
リュクサンブール
美術館
R. de Vaugirard
Palais du Luxembourg
リュクサンブール宮殿
Fontaine de Médicis
メディシスの泉
❾
リュクサンブール
庭園 (p.58)
Jardin
du Luxembourg
Pl. Edmond-Rostand
ここで下車
Luxembourg
マリー・ド・メディシスの像
Bd Saint-Michel

先進国イタリアから もたらされたもの

フランスがイギリスとの百年戦争（p.29）に明け暮れていた頃、イタリアではルネサンスが花開いていました。**ルネサンス**とは、古代ギリシャ・ローマの建築や芸術が、新しい美の基準としてルネサンス（仏／再生）したことを意味します。14世紀頃、フィレンツェを中心に始まったルネサンスはフランスにも広がり、ロワール河沿いの古城などに代表される優美な建築様式をもたらすと共に、カトリック教徒とプロテスタント教徒の対立による、残虐な宗教内乱をも生み出しました。

百年戦争を終結させたシャルル7世（p.29）の息子ルイ11世は、荒廃したフランスを立て直すことに専念。国内が安定してきたため、その息子シャルル8世はイタリアへ遠征します〈イタリア戦争〉。ハプスブルク家とイタリアの覇権を争うも敗北し、この遠征は失敗に終わりますが、フランスに新たな時代を開く契機となりました。当時、ルネサンスを経て先進国になっていたイタリアを目の当たりにした王たちは、率先して芸術や文化をフランスに持ち帰ったのです。そして、フランス独自のルネサンス文化が形成されていきました。その代表的な王が、**フランソワ1世**です。ルネサンスが生んだ天才、レオナルド・ダ・ヴィンチは彼に招かれ、晩年をロワール地方で過ごします。また、息子（のちの**アンリ2世**）には、イタリア・ルネサンスの立役者メディチ（仏：メディシス）家の**カトリーヌ・ド・メディシス**との縁組を整えました。彼女の輿入れの際に同行した料理人たちは、それまでなかった食文化やテーブルマナーを持ち込み、華やかなフランス宮廷文化が生まれます。その後、夫アンリ2世を馬上槍試合で亡くしたカトリーヌは、住まいをフランソワ1世が要塞（p.28）から改築させたルーヴル宮殿 ⓯ へ移転。故郷イタリアに思いを馳せ、隣接していたチュイルリー（仏／瓦製造所）跡に、新しい宮殿とイタリア式の庭園の建築を命じました。これが現在、庭園のみが残るチュイルリー宮殿（p.103）です。

宗教戦争の終結と
良王アンリ4世

ドイツで始まった宗教改革の影響を受け、フランスでもカトリック教徒とプロテスタント教徒との対立が激化していきました〈**宗教戦争** / ユグノー（仏／プロテスタント）戦争〉。カトリーヌ・ド・メディシスは、王に即位した息子たち（フランソワ2世、**シャルル9世**、**アンリ3世**）の母后として采配をふるい、両教徒の関係改善のため、カトリック教徒の娘マルグリット・ド・ヴァロワ（通称**王妃マルゴ**）と、プロテスタント教徒のナヴァラ王国の国王アンリ・ド・ブルボン（のちの**アンリ4世**）との政略結婚を強行します。しかしこの結婚は、カトリック教徒で占められたパリに、祝宴のために集まった多くのプロテスタント教徒がいるという状況を生み、プロテスタント教徒が大虐殺される凄惨な事件を引き起こしました〈**サン・バルテルミの虐殺**〉⓮。アンリは命をとり留め、祖国へ逃亡します。ところが、アンリ３世が暗殺されヴァロワ朝が断絶すると、王位継承権を持つアンリはアンリ４世として即位。カトリックに改宗して、ブルボン朝が誕生しました。

宗教に翻弄された彼は、1598年、信仰の自由を認める「ナントの勅令」を公布し、宗教戦争に終止符を打ちます。内戦で荒廃した国内の再建に努め、プラス・ロワイヤル（仏／王立広場、現ヴォージュ広場）❷やポン・ヌフ（仏／新橋）⓫を建設。また、ルーヴル宮殿⓯のセーヌ河沿いにグランド・ギャルリー（仏／大ギャラリー）を増築しました。王妃マルゴと離婚したあとは、義母カトリーヌの実家メディチ家の分家出身の、**マリー・ド・メディシス**と再婚。翌年には、のちのルイ13世（p.68）となる王太子に恵まれ、良王と国民にも慕われますが、狂信的なカトリック教徒に暗殺❹されこの世を去ります。マリーは幼くして即位したルイ13世の摂政❿となり、居城としてリュクサンブール宮殿を造らせました。今もパリの人々に親しまれているチュイルリー庭園（p.144）とリュクサンブール庭園❾は、共にイタリアから嫁いできた王妃たちのノスタルジーが生んだ賜物なのです。

ルート I ☞ Métro 8番線　Chemin Vert駅からスタート

❶ 10：30　パリ最古の広場、ヴォージュ広場を眺めながら

ヴォージュ広場の角にある、ほどよくお洒落なカフェ。朝食セットは2種類あり、ひとつはフランス人の朝食の定番タルティーヌ＋エスプレッソ（a）。もうひとつは温かい飲み物＋フレッシュジュース（オレンジ・レモン・グレープフルーツ）＋クロワッサンなどのヴィエノワズリーのセットです。

a

カフェ・ユゴー
Café Hugo
住 22 place des Vosges 75004 Paris
電 01 42 72 64 04
時 7:00 ～深夜 1:00
金・土7:00 ～深夜 2:00
朝食 7:00 ～ 12:00
@cafehugoparis

❷ 11：30　ルネサンス建築の配色が美しいヴォージュ広場

青いスレートの屋根に白い石灰岩と赤レンガの館が左右対称に並ぶヴォージュ広場は、パリ最古の広場です。トゥルネル館と呼ばれた王宮の敷地跡に造られ、革命まではプラス・ロワイヤル（仏／王立広場）と呼ばれていました。16世紀、この王宮の敷地でアンリ２世（p.50）の王妹の婚約と王女の婚儀を祝して、華やかな馬上槍試合が催されます。祝いに集まった王侯貴族の目の前で、試合に出場したアンリ２世の眼球に槍が刺さるという不慮の事故が起き、アンリ２世は死去。カトリーヌ・ド・メディシス（p.50）の助言者、占星術師ノストラダムスがこの死を予言していたといわれ、恐れをなしたカトリーヌは、トゥルネル館をとり壊します。打ち

広場を囲む、屋根のブルーグレー、石の白、レンガの赤のトリコロールで統一された建物は、アンリ4世様式と呼ばれる。

捨てられていたこの地に、アンリ4世（p.51）が、パリ初となる人々に開かれた王立の広場を造設。息子ルイ13世とアンヌ・ドートリッシュ（共にp.68）の婚約祝いに落成され、広場中央には、ルイ13世の騎馬像が置かれました。ヴォージュ広場と呼ばれるようになったのは1800年から。王制が廃止され共和国（p.87）となったフランスが地方税を徴収したとき、フランス革命を支持するため一番初めに払ったのが、フランス北東にあるロレーヌ地方のヴォージュ県だったからでした。

3

‖近世‖ ヴォージュ広場11番地と13番地の間にある石柱に彫られている文字‘1764 NICOLAS’は、パリ最古の落書き。18世紀のフランス文学者ニコラ・エドム・レチフ・ド・ラ・ブルトンヌによるものとされています。

‖近代‖ ヴォージュ広場6番地に作家ヴィクトル・ユゴーが住んでいた家が記念館として公開されています（p.149）。

a

b

c

a：ギャラリーやカフェが並ぶアーケードも白と赤で彩られたルネサンス風になっている。b：ヴォージュ広場1番地、パヴィヨン・デュ・ロワ（仏／王のパヴィリオン）の上方にあるアンリ4世のレリーフ。c：建物で囲まれた、ルイ13世の騎馬像が立つ緑地帯は、ルイ13世小公園と呼ばれている。

ヴォージュ広場
Place des Vosges

住 Square Louis-XIII 75004 Paris
時 8:00 ～、土・日 9:00 ～
閉園 17:45 ～ 21:30（季節により変更）
https://www.paris.fr/lieux/square-louis-xiii-36

③ 11:50　ルネサンスらしい庭園や装飾を愛でるシュリー館

ヴォージュ広場（p.52）の南西の角にある通用口（a）を抜けると、ルネサンス様式の庭園に出ます。ここはアンリ４世（p.51）の右腕と謳われた宰相**シュリー**（本名マクシミリアン・ド・ベテューヌ）が住んでいた館です。壁面や柱の装飾に、太陽や海、季節などを擬人化した像や、花や果物がふんだんに使われ、人間の五感を楽しませるルネサンスらしい特徴が見られます。庭園の南側の建物の上の壁面にある２体（b）は、花を持つ女性が春、麦を持つ女性が夏を表す擬人像です。この建物を通過し、広場に出てふり向くと、先ほどの２体の反対側に当たる位置には男性像（c）が。ブドウを持つ男性が秋、杖を持つ男性が冬を表しています。さらに左右の壁には、左から、気（空気・大気）、火、地、水の四大元素を擬人化した像があしらわれています。

a

b

c

b、c：春、夏、秋の擬人像はそれぞれの季節にふさわしい作物を持っているが、冬だけは人間の老いた姿で冬を表現している。d：シュリー館の建物や庭のようなシンメトリー（左右対称）は、ルネサンスの特徴のひとつ。このルネサンス式庭園が、幾何学模様をふんだんに使うフランス式庭園へと発展する。

d

シュリー館
Hôtel de Sully

㊟ 62 rue Saint-Antoine 75004 Paris
㊕ 庭園と中庭9:00～19:00、書店13:00～19:00（休：月）
㊡ 1/1、5/1、11/1・11、12/25
https://www.hotel-de-sully.fr/

ルート 2　☞ Métro 1番線　【乗車】Saint-Paul駅 La Défense行き
【下車】Châtelet駅 1番出口

④ 12：25　アンリ4世の暗殺現場を歩く

アンリ４世が馬車に乗り、当時王宮があったルーヴル宮殿 (p.63) から先ほど訪れたシュリー館 (p.54) へ、風邪をひいたというシュリーの見舞いに向かい、フェロネリ通りにさしかかったときに悲劇は起こりました。暗殺犯ラヴァイヤックが、アンリ４世を短刀で刺殺したのです。彼はその場で捕らえられ、コンシェルジュリー (p.92) に投獄されたあと、市庁舎前広場 (p.39) で公開処刑されます。フェロネリ通りのアーチが連なる壁面 (b) には、アンリ４世の横顔のレリーフがかかげられ (a)、少し先の暗殺現場の路面には、フランス王国の百合とアンリ４世の故郷ナヴァラ王国の鎖の意匠を組み合わせた、アンリ４世の紋章の石板 (c) が埋め込まれています。

‖中世‖　この通り名は、ルイ９世 (p.29) が、ここにフェロネリ (仏/鉄職人) を住まわせたことに由来しています。

a

「1610年５月14日、この地でアンリ４世はラヴァイヤックにより暗殺される」と記された銘板。

b

c

c：フェロネリ通り11番地にある石板。XIV MAI MDCXはローマ数字で、アンリ４世が暗殺された1610年5月14日を示す。

アンリ4世の暗殺現場
Lieu de l'Assassinat d'Henri IV
㊟ Rue de la Ferronnerie 75001 Paris

⑤ 12：35　端正なルネサンス様式の泉

この辺りには、パリで最も規模の大きかったイノサン墓地がありました。18世紀に墓地が閉鎖し撤去されたあと、敷地内にあったイノサンの泉は、この場所に移設されました。設計はフランソワ１世 (p.50) にルーヴル宮殿改築を任された建築家ピエール・レスコーによるものです。

a

b

c

a：柱の部分にニンフ（精霊）がデザインされているので、ニンフの泉とも呼ばれていた。b：柱にあしらわれたフランス王家の紋章。c：薬を造ることで財をなしたメディチ家の、丸薬がデザインされた紋章。

イノサンの泉
Fontaine des Innocents
㊟ Place Joachim-du-Bellay 75001 Paris

⑥ 12：55　ルネサンス美の宝庫、サン・トゥスタッシュ教会

もともとこの地に、サント・アニエス（仏／聖女アグネス）を、のちにサン・トゥスタッシュ（仏／聖エウスタキウス）を祭る小さな礼拝堂がありました。サント・アニエスのアトリビュート（持ち主にちなんだアイテム）は仔羊。彼女の名前のラテン語読みが、仔羊のラテン語と似ているからといわれています。サン・トゥスタッシュは、角の間に十字架がある鹿がアトリビュート。彼が狩をしていたとき、追い詰めた鹿の角の間に十字架に磔られたイエスの姿が現れ、それをきっかけにキリスト教徒に改宗、最後は殉教したという伝説に由来します。隣接する中央市場（仏：レ・アール）が、フランソワ１世（p.50）によって大がかりな再開発がされた際に、この教会も増築されることに。王自らが礎石を置き、大きな教会に生まれ変わりました。ゴシック建築にルネサンス建築が建て増しされ、当時は統一感がないと揶揄《やゆ》もされましたが、今では両方を見ることができる貴重な教会です。サント・アニエスもサン・トゥスタッシュもアトリビュートが動物で、サン・トゥスタッシュは猟師の守護聖人。**シャルキュトゥリ**（豚肉・ハムやソーセージなどの豚肉加工品販売店）組合の力が強かった中央市場が、19世紀には「パリの胃袋」と呼ばれるほど発展したのは、このふたりのご加護のおかげだったのかもしれません。ちなみに、アンリ4世の宰相シュリー（p.54）は、ここで結婚式を挙げています。

‖近世‖　リシュリュー枢機卿（p.68）やポンパドゥール夫人（p.69）が洗礼を受け、ルイ14 世の財務総監コルベール（p.107）はここに埋葬されています。また、パリで客死した作曲家モーツァルトの母親の葬儀もここで行われました。

a：ネルソン・マンデラ庭園から見た教会。b：ランビュトー通り側の屋根近くの壁からサン・トゥスタッシュの鹿が顔を出している。c：側廊左中ほどにある仔羊を連れたサント・アニエス像。像の下にはサント・アニエスのSAとサン・トゥスタッシュのSEのモノグラム（イニシャルの組み合わせ）が。

d：天井はゴシック建築だが、柱の途中に古代ギリシャ・ローマの神々を祭っていた神殿のような装飾、ルネサンス様式が見てとれる。e：教会内にはルネサンス風の華やかな装飾を施した祭室も見られる。

この教会は17世紀からシャルキュトゥリ（p.56）組合の庇護下にあったため、ステンドグラス（f）にシャルキュトゥリの守護聖人、聖アンデレと聖アントニオが描かれた聖アンデレの祭室がある。ステンドグラスは1809年に設立されたシャルキュトゥリ協会に敬意を表して寄贈されたもの。その少し先のサント・アニエスの祭室のステンドグラス（g）には、SAとSE、羊と十字架の鹿がデザインされている。

照明の装飾、蝋燭、椅子にも、鹿や角に十字架のマークがほどこされている。

サン・トゥスタッシュ教会
Église Saint-Eustache

住 2 impasse Saint-Eustache 75001 Paris
（入口は146 rue Rambuteau）
時 9:30 ～ 19:00、土10:00 ～ 19:00、日9:00 ～ 19:00
（宗教関連ではない祝日は12:00 ～）
@eglisesainteustache
https://www.saint-eustache.org/

7　13：30　この辺りが中央市場だった頃からある老舗

店名のピエ・ド・コション（仏／豚足）料理やオニオングラタンスープ（a）が看板料理。月曜から金曜（祝日を除く）の12時から15時には、前菜＋メインまたはメイン＋デザートが19.90€の、リーズナブルなセットメニューもあります。

オ・ピエ・ド・コション
Au Pied de Cochon

住 6 rue Coquillière 75001 Paris
電 01 40 13 77 00
時 8:00 ～ 早朝5:00
食事11:30 ～ 早朝5:00
@pieddecochon
https://www.pieddecochon.com/
＊オンライン予約可

⑧ 15：00　信心深い妃が造らせたメディシスの柱

緑地帯を通り、円形の建物の裏手へ。現代アート美術館（p.141）が建つこの地は、かつてカトリーヌ・ド・メディシス（p.50）の別宅があった場所。建物に接している細い塔がメディシスの柱です。カトリーヌが専属占星術師のために建てさせた天体観測所で、塔の高さ31m、幅3m。塔の内部は147段の螺旋階段があるのだとか。

塔の壁面にあるアンリ2世（p.50）のHとカトリーヌのCを組み合わせたモノグラム。

メディシスの柱
Colonne Médicis
住 Rue de Viarmes 75001 Paris

ルート 2　RER B線　【乗車】Châtelet−Les Halles駅 8番口
Robinson または Saint-Rémy-lès-Chevreuse行き
【下車】Luxembourg駅 1番出口

⑨ 15：30　イタリアらしいエレメントを有する庭園

マリー・ド・メディシス（p.51）がフィレンツェの宮殿をモデルに建造させたのが、**リュクサンブール宮殿**（現 上院の議事堂）と美しい庭園です。総面積25.72ヘクタールの敷地の中に、季節の花が咲き誇るフランス式庭園や並木、点在する102体の彫像と見どころはたくさんあります。また、庭園を出てヴォジラール通り沿いにあるプティ・リュクサンブールの門と壁面には、マリーのレリーフ装飾などがあり、柵越しに見ることができます。

a

b

a：マリー・ド・メディシスが直々にフィレンツェから職人を呼び寄せて造らせたというメディシスの泉。泉の上の装飾の中央には、メディチ家の丸薬とフランス王家の百合を組み合わせたマリーの紋章があしらわれている。b：八角形の池のまわりを囲むように立つフランス王妃と著名な女性たちの像20体。その中にあるマリー・ド・メディシスの像。その他、サント・ジュヌヴィエーヴ（p.13）やアンヌ・ドートリッシュ（p.68）の像もある。

リュクサンブール庭園
Jardin du Luxembourg

住 Jardin du Luxembourg 75006 Paris
時 開園7:30 ～ 8:15、閉園16:30 ～ 21:30（日照時間により変動）
https://jardin.senat.fr/
＊トイレあり

⑩ 16：45　壁に刻まれたルイ13世即位の碑

アンリ4世（p.51）の訃報を受けたマリー・ド・メディシスは、当時、国会の機能を果たしていたグラン・ゾーギュスタン修道院の一室に要人を集め、8歳のルイ13世（p.68）の即位と、自らの摂政就任を宣言しました。グラン・ゾーギュスタン修道院があったとされるこの通りの壁面に「父アンリ4世死去1時間後、幼きルイ13世、ここに即位」の文字が刻まれています。

即位の碑は左手に見える赤いテントが目印。ル・ルレ・ルイ・トレーズ（p.145）というルイ13世の名前のついたレストランの壁面にある。

ルイ13世即位の碑
Plaque de Louis XIII

住 8 rue des Grands-Augustins 75006 Paris

3

⑪ 17：00　ポン・ヌフとアンリ4世の騎馬像

ポン・ヌフ（仏／新橋）は、シテ島（p.12）の西の先端を右岸と左岸に架け渡す、ひとつなぎの橋です。現存しているパリ最古の橋ながら新橋と呼ばれるのは、建設当時、類を見ない新しい橋だったから。それまでのセーヌ河に架かる橋は木造で、家屋が建ち並んでいたのですが、それらがなく、歩道があり、石造りで建築されたのは、この橋が初めてでした。計画そのものはアンリ3世（p.51）の頃からあったものの、橋に建築物を建てさせなかったのはアンリ4世（p.51）の提案。ポン・ヌフから、ルーヴル宮殿（p.63）のグランド・ギャルリーがよく見えることを望んだからだといわれています。アンリ4世はグランド・ギャルリーに職人や芸術家たちを住まわせ、芸術の保護に努めました。橋の中央に立つアンリ4世の騎馬像（c）は、公道に置かれたフランス初の人物像です。マリー・ド・メディシス（p.51）が注文をし、故郷フィレンツェで造らせましたが、完成したのはアンリ4世暗殺事件の翌年で、パリに届いたのはさらにその3年後。アンリ4世は自らの像を見ることなく亡くなったのでした。

a：右岸とシテ島を結ぶポン・ヌフ。橋のたもとにサマリテーヌ百貨店（p.149）が見える。b：シテ島と左岸を結ぶポン・ヌフ。橋に装飾された怪人面は**マスカロン**と呼ばれ、魔除けの役割を果たしている。

ポン・ヌフ ⑪-1
Pont-Neuf
㊟Pont-Neuf 75001,75006 Paris

アンリ4世の騎馬像 ⑪-2
Statue Équestre d'Henri IV
㊟Place du Pont-Neuf 75001 Paris

⑫ 17：05　小さなオアシス、ヴェール・ギャラン小公園

ポン・ヌフ（p.60）からシテ島の先端へ続く階段を下りると、ヴェール・ギャラン小公園（a）に出ます。ヴェール・ギャランとはフランス語で「女たらし」の意。老いてもなお、多くの妾を持ったアンリ４世のニックネームです。柳の枝（b）がセーヌ河の水面に触れるほどの低さが、シテ島やセーヌ河岸の本来の標高。セーヌ河岸に沼地が多かったことがうかがえます。

‖中世‖ 橋の下の階段の壁に、十字軍で活躍したテンプル騎士団の団長、ジャック・ド・モレーが、ここで火刑に処されたと記された銘板があります。また、革命期の8月10日事件（p.87）で、国王一家が幽閉されたタンプル塔は、この騎士団の本拠地でした。

シテ島の最先端に植えられた柳の木。

ヴェール・ギャラン小公園
Square du Vert-Galant
住 Square du Vert-Galant 75001 Paris
https://www.paris.fr/lieux/square-du-vert-galant-2825
＊本コースでは小公園の内側と外側（セーヌ河沿い）の両方を歩く。

⑬ 17：20　三角形のスペース、ドフィーヌ広場

フランスでは、王太子が相続する土地のイルカの紋章にちなんで、王太子のことをドファン（仏／イルカ）と呼ぶ伝統がありました。アンリ４世治世下のドファン、ルイ13世（p.68）の生誕祝いに整備されたのがこの広場です。シテ島の先にあった島々を埋め立てて造られ、当時はヴォージュ広場（p.52）同様、アンリ４世様式の建物が32軒、広場を囲むように建っていたとか。現在は、アンリ４世の騎馬像に面している２軒（a）だけが、その頃の姿を留めています。

ドフィーヌ広場
Place Dauphine
住 Place Dauphine 75001 Paris
https://www.paris.fr/lieux/square-de-la-place-dauphine-2406

⑭ 17：45　悲劇の始まりは、教会の鐘の音から

ここは**オセールの司教**だったサン・ジェルマン・ロクセロワ（仏／オセールの聖ゲルマヌス）が、旅の途中に、サント・ジュヌヴィエーヴ（p.13）と出会ったと伝えられる場所に建てられた教会です。フランソワ１世（p.50）以降、ヴァロワ朝王家がルーヴル宮殿（p.63）に住むようになり、隣接するこの教会は王家の教会として繁栄しました。カトリックとプロテスタントが対立する宗教戦争（p.51）のさなか、1572年８月24日にコリニー提督（p.64）が暗殺され、同日早朝４時、この教会の鐘の音を合図に大虐殺が始まりました。ルーヴル宮殿内や周辺に宿泊していたプロテスタント教徒たちが次々に殺され、辺りは血の海となり、セーヌ河も真っ赤に染まったといわれています。虐殺はルーヴル周辺にとどまらず、パリ、フランス全土へと広がり、数カ月間続きました。聖人暦でサン・バルテルミ（仏／聖バーソロミュー）の日（８月24日）に始まったこの事件は、サン・バルテルミの虐殺（p.51）と呼ばれ、最も凄惨な虐殺としてフランス史にその名が刻まれています。

‖近世‖　ルイ14世（p.69）の治世に宮殿がヴェルサイユへ移るとルーヴルは芸術家や職人が住むように。隣接するこの教会は「王家の教会」から「芸術家たちの教会」と呼ばれるようになり多数の芸術家が埋葬されました。

写真左の鐘楼の右側がサン・ジェルマン・ロクセロワ教会。

交差廊の北側に置かれた彩色されたサン・ジェルマン・ロクセロワの木像。入口近くにはサン・ジェルマン・ロクセロワの石膏像がある。

側廊左奥にあるサント・ジュヌヴィエーヴの祭室には、サン・ジェルマン・ロクセロワ(a)とサント・ジュヌヴィエーヴ(b)の肖像画がある。

サン・ジェルマン・ロクセロワ教会
Église Saint-Germain-l'Auxerrois
㊟2 place du Louvre 75001 Paris
㊋9:00～19:00
https://saintgermainlauxerrois.fr/

⑮ 18：10　ルネサンスの王宮、クール・カレ

ルーヴルの東側を占めるクール・カレ（仏／正方形の中庭）は、ルーヴルで最も古い部分。中世の頃には大きな塔を備えた要塞（p.28）でした。イタリア遠征で捕虜となったフランソワ１世は、釈放されるとパリに戻り、ここに居を定めます。クール・カレの中央にそびえ立つ時代遅れな塔をとり壊し、建築家ピエール・レスコーに命じて、要塞をルネサンス様式の宮殿に改築。この改築はフランソワ１世の時代では終わらず、ナポレオン３世（p.101）の時代まで断続的に続きました。王たちは、自分が造らせた建築部分の壁面に自身のモノグラムを刻み、その栄光を後世にまで伝えています。

クール・カレには、正方形の敷地を囲むようにして、主に３階建ての宮殿が建っている。

a

b

c

ルート順にモノグラムを探してみよう。まず、フランソワ・ミッテラン河岸にある、アンリ４世（p.51）と公妾**ガブリエル・デストレ**のモノグラム（a）。ガブリエル・デストレは王家以外の人物で王宮にイニシャルを残した唯一の女性。次にクール・カレの南面にあるシャルル9世（p.51）のモノグラム（b）。ドイツ語表記カールの頭文字Kの組み合わせ。クール・カレ西面にあるのが、アンリ２世のHとカトリーヌ・ド・メディシス（共にp.50）のCを組み合わせたモノグラム（c）。

ルーヴル宮殿［クール・カレ］
Palais du Louvre [Cour Carrée]
㊟Cour Carrée 75001 Paris

クール・カレの西側中央の通用口に入ると、左側に「アンリ２世階段」と書かれた扉（d）が、右側に「アンリ４世階段」と書かれた扉（e）がある。通用口を抜けてふり向くと、壁面上部に「1541年、フランソワ１世、ルーヴルを（造り）始める。1564年、カトリーヌ・ド・メディシス、チュイルリーを（造り）始める」と記された石板（f）が掲げられている。

d

e

f

3

⑯ 18：40　宗教戦争の犠牲者、コリニー提督

ガスパール・ド・コリニー提督は、宗教戦争中、プロテスタント陣営を指揮した中心的人物です。アンリ４世と共に上京した彼は、結婚の祝宴が続く華やかなパリの水面下で、カトリック教徒から命を狙われていました。結婚式の１週間後、コリニー提督は現在のリヴォリ通り136番地辺りで、カトリック教徒に暗殺されます。彼の死により、プロテスタント教徒の報復を恐れたシャルル９世が「プロテスタント教徒をみな殺しに」と命令し、サン・バルテルミの虐殺が起こったといわれています。（すべてp.51）

かつてはカトリック教会で、現在プロテスタント教会となっているオラトワール・デュ・ルーヴル教会の敷地内に立つコリニー提督の像。

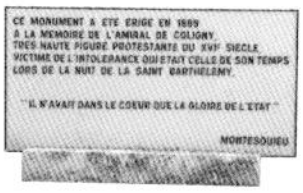

1889年にこの記念碑が建てられたことや、哲学者モンテスキューの言葉「彼の心の中には国家の栄光しかなかった」などが記されている。

ガスパール・ド・コリニー提督の記念碑
Monument de l'Amiral Gaspard de Coligny
住 160 rue de Rivoli 75001 Paris

⑰ 18：50　アンリ4世が担ぎ込まれた薬局跡

フェロネリ通り（p.55）で胸を刺されたアンリ４世が、事件直後に担ぎ込まれ、応急処置を受けたという薬局跡です。外壁上部のオ・ブルドン・ドール（仏／金の巡礼杖）という店名と、４つのホタテ貝に囲まれた巡礼杖の図像（a）が、当時の姿を今に伝えています。

a

ファサードにある店名や金の巡礼杖のマークは17世紀からずっと健在。

薬局跡はにぎやかなサン・トノレ通り（p.92）にある。

オ・ブルドン・ドール薬局跡
Ancienne Pharmacie au Bourdon d'Or
住 93 rue Saint-Honoré 75001 Paris

⑱ 19：00　スターシェフが手がけるフランス伝統料理に舌鼓

ジャン＝フランソワ・ピエージュ氏とその妻が３代目のオーナーとなり、生まれ変わった老舗レストラン。店名にもなっている、アンリ４世の好物であり、国民に広めたことで知られるプル・オ・ポ（仏／鶏のポトフ、p.116）は、ピエージュ氏ならではのアレンジが加えられています。まず、つき出しとしてサーヴされる、鶏をさばいたときに出る臓物を使ったカイエット（ミートボールのようなもの）とブイヨンを堪能します。次は、主役の鶏のポトフが、ピラフとほのかな酸味のあるクリームソースと一緒にサーヴされます。一般的なプル・オ・ポは具とスープを一緒にいただくのですが、ピエージュスタイルはやわらかく煮込まれた鶏や野菜にピラフを添え、ソースをかけていただくというもの。このように彼がアレンジを加えたフランス伝統料理は、テーブルセッティングやプレゼンテーションを含め一食の価値ありです。

プル・オ・ポの「ポ」は、この看板のような形をした調理用の壺のこと。

外観も店内も老舗の雰囲気を大切にし、ほとんど手を加えていないという。蚤の市好きなピエージュ夫妻が見つけてきた銀食器や骨董品が彩りを添える。

伝統的な前菜が味わえるDégustation d'hors-d'oeuvre（オードヴルの盛り合わせ）。内容は、スタンドの上から順に、ラディシュのバター添え、緑レンズ豆のサラダ、根セロリのレムラードソース（マヨネーズに似たソース）和え、名店のサラミ、そして、手前のミモザ風卵もついてくる。

創業の1935年から受け継がれたレシピで作るプル・オ・ポに、つき出し、ピラフ、プレットソース（チキンブイヨン、卵黄、生クリーム、レモンなどで作るクリームソース）というアレンジが加わる。２人分からしか注文できず、写真は２人分。

ラ・プル・オ・ポ
La Poule au Pot

住 9 rue Vauvilliers 75001 Paris
電 01 42 36 32 96
時 12:00 ～ 14:30、19:00 ～ 23:00
休 日、月、祝
@lapouleaupotparis
https://xn--jeanfranoispiege-jpb.com/la-poule-au-pot
＊オンライン予約可

4日目・近世のパリ

Quatrième Jour · Époque Moderne

{1610～1789年}

絶対王政のもとで造られた最も華やかなパリを求めて

4

絶対王政最盛期の舞台はヴェルサイユですが、王たちはパリにも栄華の証を残しました。パリ南東からマレ地区の貴族の館へ。少し北上して王のモニュメントをまわり、最後はルーヴル宮殿周辺へ。ブルボン朝の豪華絢爛な建造物や宮廷文化ゆかりの地など、最もフランスらしく華やかな時代を歩きます。

ルート I

Cardinal Lemoine駅からスタート
赤い点線……に沿って
❶→❹の順に歩く
Censier—Daubenton駅から乗車

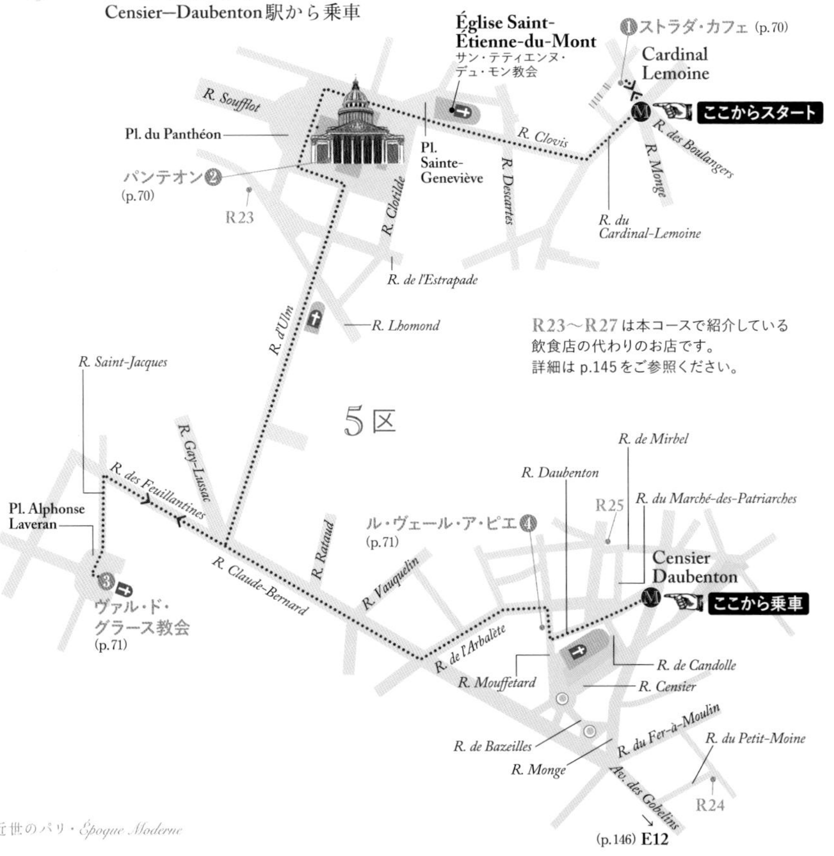

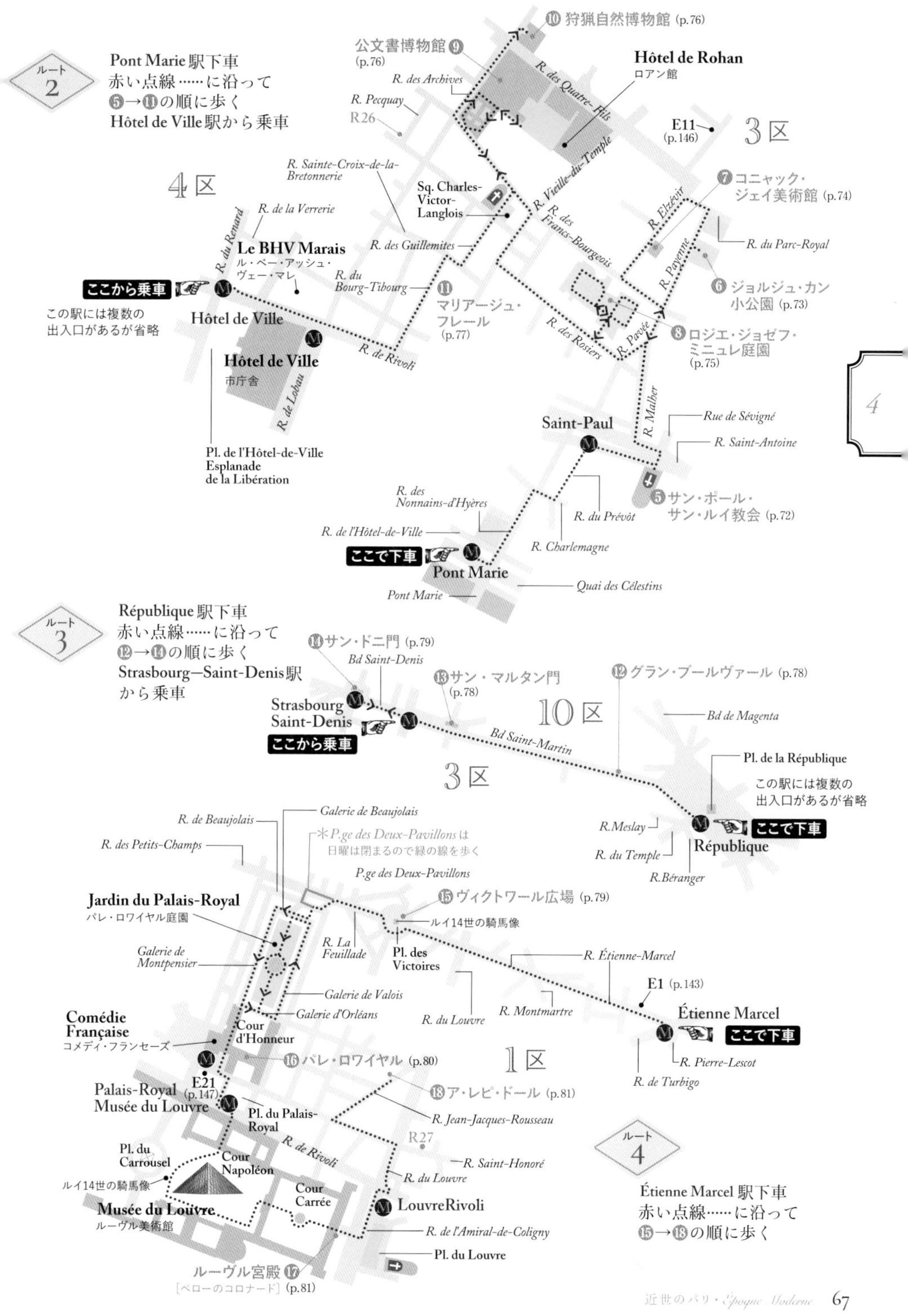

ルート 2
Pont Marie 駅下車
赤い点線……に沿って
⑤→⑪の順に歩く
Hôtel de Ville駅から乗車
⑩ 狩猟自然博物館 (p.76)
公文書博物館 ⑨ (p.76)
Hôtel de Rohan
ロアン館
R. des Archives
R. des Quatre-Fils
R. Pecquay
R26
E11 (p.146)
3区
R. Vieille-du-Temple
R. Sainte-Croix-de-la-Bretonnerie
4区
Sq. Charles-Victor-Langlois
⑦ コニャック・ジェイ美術館 (p.74)
R. de la Verrerie
R. du Renard
R. des Francs-Bourgeois
R. Elzévir
R. du Parc-Royal
Le BHV Marais
ル・ベー・アッシュ・ヴェー・マレ
R. des Guillemites
R. Payenne
ここから乗車
R. du Bourg-Tibourg
⑪ マリアージュ・フレール (p.77)
⑥ ジョルジュ・カン小公園 (p.73)
この駅には複数の出入口があるが省略
Hôtel de Ville
R. des Rosiers
⑧ ロジエ・ジョゼフ・ミニュレ庭園 (p.75)
R. Pavée
R. de Rivoli
Hôtel de Ville
市庁舎
R. de Lobau
R. Malher
Saint-Paul
Rue de Sévigné
R. Saint-Antoine
Pl. de l'Hôtel-de-Ville Esplanade de la Libération
R. des Nonnains-d'Hyères
⑤ サン・ポール・サン・ルイ教会 (p.72)
R. du Prévôt
R. de l'Hôtel-de-Ville
R. Charlemagne
ここで下車
Pont Marie
Quai des Célestins
Pont Marie
ルート 3
République 駅下車
赤い点線……に沿って
⑫→⑭の順に歩く
Strasbourg—Saint-Denis駅から乗車
⑭ サン・ドニ門 (p.79)
Bd Saint-Denis
⑬ サン・マルタン門 (p.78)
⑫ グラン・ブールヴァール (p.78)
Strasbourg Saint-Denis
10区
Bd de Magenta
ここから乗車
Bd Saint-Martin
Pl. de la République
3区
この駅には複数の出入口があるが省略
Galerie de Beaujolais
R. de Beaujolais
＊P.ge des Deux-Pavillons は日曜は閉まるので緑の線を歩く
R.Meslay
ここで下車
R. des Petits-Champs
R. du Temple
République
P.ge des Deux-Pavillons
R.Béranger
Jardin du Palais-Royal
パレ・ロワイヤル庭園
⑮ ヴィクトワール広場 (p.79)
ルイ14世の騎馬像
Galerie de Montpensier
R. La Feuillade
Pl. des Victoires
R. Étienne-Marcel
Galerie de Valois
R. Montmartre
E1 (p.143)
Galerie d'Orléans
R. du Louvre
Étienne Marcel
Comédie Française
コメディ・フランセーズ
Cour d'Honneur
ここで下車
⑯ パレ・ロワイヤル (p.80)
1区
R. Pierre-Lescot
E21 (p.147)
R. de Turbigo
Palais-Royal Musée du Louvre
⑱ ア・レピ・ドール (p.81)
Pl. du Palais-Royal
R. Jean-Jacques-Rousseau
R27
R. de Rivoli
ルート 4
Pl. du Carrousel
Cour Napoléon
R. Saint-Honoré
ルイ14世の騎馬像
R. du Louvre
Cour Carrée
Étienne Marcel 駅下車
Musée du Louvre
ルーヴル美術館
LouvreRivoli
赤い点線……に沿って
⑮→⑱の順に歩く
R. de l'Amiral-de-Coligny
Pl. du Louvre
ルーヴル宮殿 ⑰
[ペローのコロナード] (p.81)
4

絶対王政絶頂期への
プロローグ

近世はフランスが誇るブルボン王朝です。アンリ４世（p.51）が創始したブルボン朝は、その孫の時代に絶頂期を迎えます。政治的にも文化的にも栄華を極め、ヴェルサイユ宮殿（p.146）に象徴される、壮麗かつ優美な、フランスを代表する文化が花開きました。

アンリ４世暗殺後、８歳で即位した**ルイ13世**は、13歳の成人を迎えるまで、母后マリー・ド・メディシス（p.51）が摂政となります。その後、彼の政治の右腕となったのは**リシュリュー枢機卿**（教皇に次ぐ高位の聖職）です。リシュリューはルーヴル宮殿（p.63）の隣に**パレ・カルディナル**（仏／枢機卿宮）を建てますが、のちにルイ13世に寄贈し、これが現パレ・ロワイヤル（仏／王宮）⓰に。パレ・ロワイヤルはルーヴル宮殿に次ぐ大きな王宮として、政治や文化の様々な舞台となります。1615年、ルイ13世はスペイン・ハプスブルク家の王女**アンヌ・ドートリッシュ**と結婚。ふたりはなかなか子宝に恵まれず、アンヌは教会に通い祈ります。ついに祈りが通じたのは、1638年。アンヌ37歳で授かった王太子こそが、のちの**ルイ14世**です。奇跡の子として、ルイ・デュードネ（仏／神が与えたもうたルイ）と名づけられ、アンヌは、感謝の印にヴァル・ド・グラース教会❸を建立しました。

1643年、ルイ13世が病死し、ルイ14世がわずか４歳で即位。５年後、ルイ14世の摂政だった母后アンヌとマザラン枢機卿に対する貴族の反乱〈フロンドの乱〉が起こり、幼いルイ14世はパリを離れます。フロンドの乱が鎮圧されてから再びパリへ戻り、1660年、スペイン・ハプスブルク家の王女マリー＝テレーズ・ドートリッシュと結婚。共にスペインから嫁いだ母后アンヌと王妃マリー＝テレーズは、フランス宮廷にスペイン文化をもたらしました。その中で何よりも普及したのが、ショコラ（仏／チョコレート）。当時飲み物だったショコラは、カップやソーサー、チョコレートポットなどの陶磁器も広めることになります。

ヴェルサイユ王政時代の
パリ

勢いに乗った**ルイ14世**は、外国との戦争に連勝します。国境を盤石にし、パリに戻って命じたのは、城壁の撤去。今やヨーロッパで無敵となった彼にとって、パリを外敵から守る城壁は無用となったのです。城壁を解体し、堀を埋め、ブールヴァール（仏／並木道）⑫を造設。さらに、退役軍人や傷病兵のための施設、オテル・デ・ザンヴァリッド（仏／廃兵院、p.108）を建設しました。また、ルイ14世の戦勝を讃え、サン・ドニ門⑭、サン・マルタン門⑬、ヴィクトワール（仏／勝利）広場⑮が献上されます。1682年、ルイ14世は、これらと並行して建設が進められていたヴェルサイユ宮殿に移り住み、77歳の誕生日を目前に、この宮殿で息を引きとりました。

息子にも孫にも先立たれるほど在位が長かったルイ14世の後に即位したのは、曾孫で三男の**ルイ15世**です。アルザスに出征中、病に倒れたルイ15世は、パリの守護聖女サント・ジュヌヴィエーヴ（p.13）に祈り、病が治ればサント・ジュヌヴィエーヴ教会（p.19）を再建すると誓います。回復したルイ15世が誓いを守り建てたのがパンテオン②です。さらに、公妾**ポンパドゥール夫人**の勧めで**エコール・ミリテール**（仏／陸軍士官学校）を建設。のちにここでナポレオン・ボナパルト（p.100）が学ぶことになります。また、ポンパドゥール夫人にエリゼ宮（p.122）を贈り、これが現大統領官邸に。ルイ14世治世下、チュイルリー庭園（p.144）からシャンゼリゼ（p.146）への拡張が進められたパリの東西軸に対して、マドレーヌ寺院（p.106）からルイ15世広場（現コンコルド広場、p.94）を経てブルボン宮殿（p.107）へ、という南北軸が整備されました。1774年に天然痘で亡くなったルイ15世の在位も長く、即位したのは、孫で三男の**ルイ16世**です。1770年、オーストリア皇女**マリー＝アントワネット**との結婚祝いが、ルイ15世広場で華々しく催されます。ヴェルサイユ宮殿での夢のような暮らしを経て23年ののちに、皮肉にも同じ広場で、ふたりの命は絶たれることになるのでした。

ルート I ☞ Métro 10番線　Cardinal Lemoine駅からスタート

① 9：30　コーヒーショップの先駆けの1軒

a

b

9時から15時まで'Breakfast & Lunch'と書かれたメニューの中から、アラカルトでいただけるというシステム。朝食の定番タルティーヌ（a）から、フレンチトースト、オムレツやスクランブルエッグ（b）などの卵料理、サンドイッチやハンバーガーまで揃っています。評判の高いコーヒー類やフレッシュジュースもおすすめです。

ストラダ・カフェ　モンジュ店
Strada Café Monge
住 24 rue Monge 75005 Paris
時 8:00 ～ 18:30
　土・日 9:30 ～ 18:30
Ⓘ @strada_cafe
https://stradacafe.fr/

② 10：40　フランスに尽くした偉人が眠るパンテオン

重病から奇跡的に回復をしたルイ15世（p.69）は、誓いを守り、サント・ジュヌヴィエーヴ教会（p.19）の再建に乗り出します。ところが、度重なる戦争のため国庫は空の状態でした。様々な手段で資金が集められ、ルイ15世自身が礎石を置き着工。しかし、遅々として工事は進まず、パンテオンが完成したのは革命期になってから。共和制となったフランス政府によって、教会ではなく、国家のために尽くした偉人の墓所となったのでした。ルイ15世と同じ時代を生きた啓蒙思想家**ヴォルテール**や哲学者**ジャン＝ジャック・ルソー**の他、ヴィクトル・ユゴー（p.149）やキュリー夫妻らが埋葬されています。

1764年に工事が始まり、26年後の、1790年に完成した。正面上部にはAux Grands Hommes La Patrie Reconnaissante（偉人たちへ祖国は感謝を捧げる）の文字が刻まれている。

パンテオン
Panthéon
住 Place du Panthéon 75005 Paris
時 4/1 ～ 9/30　10:00 ～ 18:30
　10/1 ～ 3/31　10:00 ～ 18:00
　毎月第一月曜は12:00 ～
　（入館は45分前まで）
休 1/1、5/1、12/25
料 13€
Ⓘ @pantheon.paris
https://www.paris-pantheon.fr/

③ 11:50　感謝の印として建てられた美しい教会

この地にルイ13世妃アンヌ・ドートリッシュ（p.68）が創設したヴァル・ド・グラース（仏／恩寵の谷）修道院がありました。20年以上跡継ぎに恵まれなかったアンヌは、子宝を授かればここに教会を建てると嘆願します。ついにルイ14世（p.68）を授かったアンヌは、当代きっての建築家フランソワ・マンサール（p.73）に命じ、パリでは貴重なバロック様式の教会を建てさせました。その後も度々ヴァル・ド・グラースに滞在するようになり、ここで息を引きとります。彼女は遺言で自らの心臓をこの教会に残すことを願い、教会内の心臓の礼拝堂に奉納されたものの、革命で破壊されて行方不明となってしまいました。

現在、教会内はMusée du Service de Santé des Armées（軍事医療博物館）の一部として訪問できる。博物館・教会の訪問の際には、身分証明書（パスポート）の提示が必要。

ヴァル・ド・グラース教会
Église du Val-de-Grâce
住 1 place Alphonse-Laveran 75005 Paris
https://evdg.sante.defense.gouv.fr/
＊本コースでは外観のみ見学。

④ 12:15　にぎやかな商店通りにあるマダムの食堂

商店通りにある小さなビストロは、スイーツ作りが得意なマダムがキッチンを切り盛りし、ご主人がカウンターに立ちます。お母さんが家で料理をするようにイマジネーションを働かせ、あれこれとこしらえてしまうマダム。その家庭的でおいしいメイン（a、b）のあとは、お手製のデザート（c）は外せません。ランチタイムはセット価格になりお得です。

a

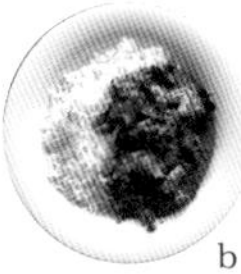

b

c

ル・ヴェール・ア・ピエ
Le Verre à Pied
住 118 bis rue Mouffetard 75005 Paris
電 01 43 31 15 72
時 9:30 ～ 20:00、日 9:30 ～ 16:00
ランチ 12:15 ～ 14:30
休 月、火
F Le Verre à Pied

ルート 2 Métro 7番線 【乗車】Censier－Daubenton駅 La Courneuve－8 Mai 1945行き
【下車】Pont Marie駅 2番出口

5 14：00 王室にゆかりのあるふたつの教会が統合

ここはルイ13世（p.68）が、サン・ルイ（p.29）に捧げるために建立した教会です。パリで初めてゴシック様式から脱却し、バロック様式で建てられました。採光のために設けられた中央のドームは、当時のパリの建築では最大のもの。ヴァル・ド・グラース教会（p.71）やドーム教会（p.108）のモデルにもなりました。1627年にルイ13世によって礎石が置かれ、1641年にルイ13世臨席のもと、彼の右腕であるリシュリュー枢機卿（p.68）によって初のミサも行われています。左の側廊を進むと、子供たちといる**サン・ヴァンサン・ド・ポール**の像（f）が。彼は慈愛に満ちた司教として慕われ、王妃マルゴ（p.51）、アンヌ・ドートリッシュ（p.68）などに仕えます。ルイ13世は死の間際に彼を呼び寄せ、彼の腕の中で亡くなりました。ルイ14世（p.69）の時代になると、この教会でミサを行ったルイ・ブルダルーが、魅力的な説教（聖書の教えを説き導くこと）でカリスマ的な人気を博します。彼の長い説教を最後まで聞き届けようと、信心深いご婦人方がトイレに立たずにスカートの下に陶器の瓶を置いて用を足すように。この瓶が、不名誉にもブルダルーと呼ばれるようになりました。教会の中ほどに、彼の胸像とお墓があります（d、e）。革命期に入り、ヴォージュ広場の王宮の近くにあった王室御用達のサン・ポール教会が破壊されると、サン・ポール教会の機能がサン・ルイ教会に統合され、19世紀にはサン・ポール・サン・ルイ教会として確立し、現在に至ります。

‖近代‖ ヴィクトル・ユゴー（p.149）の娘の結婚式が挙げられ、この際、彼は貝の形の聖水盤を寄贈。自作『レ・ミゼラブル』でもコゼットとマリウスの結婚式がここで挙げられたことになっています。

a

b

c

バロック様式のファサード（a）。最上部にはイエスの荊《いばら》の冠を手にしたサン・ルイの像がある。ファサードの中央扉（b）はふたつの教会が統合した19世紀のもので、サン・ルイのＳＬ（右）とサン・ポールのＳＰ（左）のモノグラムが並んでいる。ルイ13世がサン・ルイにこの教会を捧げているシーンを描いた絵画（c）は、右の側廊を主祭壇まで進んでふり返ると上部にかけられている。

ルイ・ブルダルーの胸像（d）と墓（e）。魅力的な説教でルイ14世のミサに何度も招かれ、かのヴォルテール（p.70）も「王の説教師であり、説教師の王」と賞賛したという。**ヴァンサン・ド・ポール**（f、p.146）は16世紀のフランスに生まれ、聖人となった人物。彼は慈善事業にも熱心で、特に孤児たちのために尽力したことから、子供といる姿が多い。

サン・ポール・サン・ルイ教会
Église Saint-Paul—Saint-Louis
住 99 rue Saint-Antoine 75004 Paris
時 8:00 〜 20:00
https://www.spsl.fr/

パイエンヌ通り5番地は、ルイ13世の下で活躍した、フランスのバロック建築の第一人者、**フランソワ・マンサール**の終の住処。彼は、ヴァル・ド・グラース教会、ゲネゴー館（p.76）、カルナヴァレ博物館（p.88）を建築した人物です。

⑥ 14：20　貴族の庭園が博物館のような小公園に

この小公園は、ルイ14世の時代の財務総監や議長など、高官を務めた貴族たちに代々引き継がれた館の庭園でした。ちょうどカルナヴァレ博物館の裏に当たり、現在は、同博物館所蔵の大きな遺跡や彫刻を見ることができます。
‖近代‖　パリ・コミューン（p.120）で焼失し廃墟となったチュイルリー宮殿（p.103）から持ち運ばれた時計のパビリオンや、パリ市庁舎（p.39）の外壁などが置かれています。

ジョルジュ・カン小公園
Square Georges-Cain
住 8 rue Payenne 75003 Paris
時 8:00 〜、土・日 9:00 〜
閉園は17:00 〜 20:30
（季節により変更）
https://www.paris.fr/lieux/square-georges-cain-2435

⑦ 14:30　夫妻の収集品を公開、コニャック・ジェイ美術館［ドノン館］

Hôtel（オテル）は、フランス語で「ホテルや公共建築物など大きな館」を総称しますが、その中でもHôtel particulier（**オテル・パルティキュリエ**）は「個人所有の大邸宅」の意。アンリ４世（p.51）が整地したヴォージュ広場（p.52）のおかげで、王侯貴族たちがこぞって本宅を建てる人気エリアとなったマレ地区には、オテル・パルティキュリエが点在しています。この館もそのひとつで、王立建造物の管理を任されたメデリック・ドノンが所有していたことから「ドノン館」と呼ばれるように。現在はパリ市が管轄する美術館となり、19世紀、サマリテーヌ百貨店（p.149）の創業者である**エルネスト・コニャック**とその妻マリー＝ルイーズ・ジェイが収集した18世紀の美術工芸品、家具調度品、絵画等が展示されています。見どころは、暮らしを彩る華やかな**ロココ**様式（貝や植物などの複雑な曲線を多用した優美で繊細な美術様式）の逸品の数々。フランソワ・ブーシェ、ジャン＝オノレ・フラゴナール、ジャン＝バティスト・ユエなど、代表的なロココ画家の絵画や、天蓋が美しいリ・ア・ラ・ポロネーズ（仏／ポーランド式ベッド、a）、元ポーランド王女で、このベッドをフランスに広めたとされるルイ15世妃**マリー・レグザンスカ**の肖像画（c）など。夫妻のコレクションからは、ルイ15世・ルイ16世の治世下、ポンパドゥール夫人やマリー＝アントワネット（共にp.69）ら、ヴェルサイユをにぎわせた王妃や公妾達が芸術や文化を牽引した18世紀の、華やかさ、心地よさ、親密さ、そしてはかなさが伝わってきます。

a

b

サロン・ブーシェ（b）。ブーシェはポンパドゥール夫人の肖像画を描き、ルイ15世（p.69）の首席画家になっている。

c

コニャック・ジェイ美術館［ドノン館］
Musée Cognacq-Jay［Hôtel de Donon］

住 8 rue Elzévir 75003 Paris
時 10:00 ～ 18:00
（窓口は17:15まで、12/24・31は17:00まで）
休 月、1/1、5/1、12/25
料 常設展のみのとき無料、企画展開催時９€
@museecognacqjay
https://www.museecognacqjay.paris.fr/

8　15：15　秘密の中庭、ロジエ・ジョゼフ・ミニュレ庭園

マレ地区でもひときわにぎやかなフラン・ブルジョワ通りとロジエ通りの間に、17世紀のオテル・パルティキュリエ（p.74）に囲まれた、秘密の中庭のような空間があります。見逃しそうな入口から中に足を踏み入れると、小さな芝生、アルベール館（b）に隣接するふたつの花壇、いちじくの木が枝を広げる小道（c）、白樺が植えられた遊具のある緑地帯（d）へと続きます。ここはもともと、隣接するオテル・パルティキュリエの私庭を統合し誕生した庭園で、一番奥の遊具のある緑地帯は、フラン・ブルジョワ通りに面するクーランジュ館の裏庭に当たる敷地です。クーランジュ館には、17世紀前半、**セヴィニエ夫人**ことマリー・ド・ラビュタン・シャンタルが、結婚するまでの数年間住んでいました。セヴィニエ夫人はこの時代を彩る女性のひとりで、貴族や文化人の交流の場であるサロンを主宰していた人物。娘に書き送った手紙がのちに出版され、書簡作家としても知られています。彼女は生粋のマレの住人で、サン・ポール・サン・ルイ教会（p.72）で洗礼を受け、ブルダルーの説教には毎回欠かさず出席。マレ地区にセヴィニエ通りとして名前も残しています。17世紀後半になると、この館はセヴィニエ夫人のいとこが相続し、ルイ14世（p.69）と公妾モンテスパン夫人の子供たち6人が住んでいたこともあったとか。17世紀、王政華やかなりし頃の貴族たちの私生活が、今も密やかに息づいている庭園です。

‖中世‖　ロジエ通りから入ってすぐの左側には、フィリップ・オーギュストの城壁（p.32、p.44）の塔の跡が残っています。

庭園名（a）は、ユダヤ人街のマレ地区で、戦時中ユダヤ人の子供たちのために尽くした校長ジョゼフ・ミニュレへのオマージュとしてつけられた。庭園に入って直進すると見えるアルベール館の裏手（b）。小道に枝を広げるいちじくの木（c）の反対側にはマロニエの大木がある。

一番奥の遊具のある緑地帯。白樺の奥に見えるのがクーランジュ館。

ロジエ・ジョセフ・ミニュレ庭園
Jardin des Rosiers—Joseph-Migneret
住 10 rue des Rosiers 75004 Paris
時 8:00 ～、土・日 9:00 ～
閉園は17:15 ～ 19:00（季節により変更）
https://www.paris.fr/lieux/jardin-des-rosiers-joseph-migneret-2828

⑨ 15：30　パリで味わうヴェルサイユ、公文書博物館［スービーズ館］

スービーズ館は、名門貴族スービーズ家が所有していたオテル・パルティキュリエ（p.74）。外観はルイ14世時代の荘厳な新古典主義、内装はルイ15世時代の優美なロココ（p.74）様式というコントラストが魅力の建物です。現在は公文書博物館として、貴重な古文書などが交代で公開されていますが、地上階奥とその上の階では、当時の貴族の住まいの華やかなしつらいを鑑賞することができます。メインのサロンとなる、サロン・デュ・プランス（仏／王子の部屋）とサロン・ド・ラ・プランセス（仏／王女の部屋、b）は、共に楕円形の空間で、ロココの建築家ジェルマン・ボフランによるもの。壁から天井まで、ロココらしい曲線に満ちた繊細な装飾が施されています。

‖革命‖ ルイ16世（p.87）が処刑される4週間前にタンプル塔で書いた遺言書、マリー＝アントワネット（p.87）が死刑の判決を受けた後に書いた、ルイ16世の妹エリザベート宛ての手紙が展示してあります。

© Archives nationales du site de Pierrette, Hôtel de Soubise

© Archives nationales du site de Pierrette, Hôtel de Soubise

ソフィア・コッポラ監督の映画「マリー・アントワネット」のロケにも使われたスービーズ館（a）。天井から壁までロココらしい繊細な装飾のサロン・ド・ラ・プランセス（b）。

公文書博物館［スービーズ館］
Musée des Archives Nationales [Hôtel de Soubise]
住 60 rue des Francs-Bourgeois 75003 Paris
時 10:00 ～ 17:30、土・日 14:00 ～ 17:30
休 火、1/1、12/25
料 無料
@archivesnatfr
https://www.archives-nationales.culture.gouv.fr/

⑩ 16：10　奥深い狩猟の世界へ、狩猟自然博物館［モンジュラス館・ゲネゴー館］

ここは17世紀に建てられたふたつのオテル・パルティキュリエで構成された博物館です。モンジュラス館から入り、館内はフランソワ・マンサール（p.73）が手がけたゲネゴー館につながっています。博物館のテーマは、王侯貴族たちの暮らしに欠かすことのできなかった狩猟。狩猟は獲物が住む森林を所有する王侯貴族たちの娯楽であると同時に、常に戦争を控えていた彼らにとって、体力維持や馬や銃の扱い、作戦の練り方やチームワークなどを鍛錬する実地訓練という一面もありました。狩猟に使われた銃をはじめとする様々な道具、仕留められた動物たちの剥製やその生態、狩猟のパートナーだった犬や猛禽類などが、動物をモチーフにした絵画や陶器などと共に、センスとユーモアを持って展示されています。動物たちに囲まれ、異なる趣向が凝らされた部屋を行き来し、ときにはソファでくつろいだりできる空間は、当時の貴族が暮らす森の中の邸宅に招かれたようです。

a

b

c

d

天井近くには剥製、壁面や中央には銃が陳列された部屋（a）。素敵なブルーの壁紙の雰囲気とは真逆ともいえる、犬などにつくマダニの部屋（b）。鹿と狼の部屋（c）。狩猟の相棒である犬の部屋。絵画から首輪などの道具まで犬にまつわるものが展示されている（d）。

狩猟自然博物館［モンジュラス館・ゲネゴー館］
Musée de la Chasse et de la Nature
［Hôtel de Mongelas / Hôtel de Guénégaud］

住 62 rue des Archives 75003 Paris
時 11:00 〜 18:00
水 11:00 〜 21:30（7・8月は18:00まで）
12/24・31は16:00まで
休 月、祝
料 11€、企画展開催時13€（18歳未満無料）
毎月第1日曜無料（窓口はカード払いのみ）
@museechassenature
https://www.chassenature.org/

11 17：00　17世紀からのお茶文化を受け継ぐ老舗

マリアージュ家は17世紀、ルイ14世の治世下の貿易商だったといいます。その子孫であるマリアージュ兄弟が、1854年に茶葉輸入会社「マリアージュ・フレール」を設立。今では世界的ブランドとなり、パリ市内の数ある店舗の中でマレ店は創業の地です。奥のサロンでは、500種以上のお茶と共に、焼き菓子や季節のスイーツ（a）がいただけます。

マリアージュ・フレール マレ店
Mariage Frères Le Marais

住 30 rue du Bourg-Tibourg
75004 Paris
電 01 42 72 28 11
時 ショップ 10:30 〜 19:30
サロン・ド・テ 12:00 〜 19:00
@mariagefreresofficial
https://www.mariagefreres.com/

a

ルート 3 ☞ Métro 11番線 【乗車】Hôtel de Ville駅 Mairie des Lilas行き
【下車】République駅 2番出口

⑫ 18：20　ルイ14世の並木道、グラン・ブールヴァール

シャルル5世 (p.29) の城壁を解体して堀を埋めた場所に、ルイ14世 (p.69) が造らせた大通りがグラン・ブールヴァールです。グラン・ブールヴァールは、東のバスティーユ広場 (p.90) から北にのび、レピュブリック広場を通って、北西に位置するマドレーヌ寺院 (p.106) まで続きます。通りの位置によって名前が変わりますが、ここではその一画、ブールヴァール・サン・マルタン (仏／サン・マルタン大通り) を歩きます。この辺りは、中世の頃は城壁外でゴミ捨て場だったため、長い間堆積したゴミで高低差ができ、今でも歩道と車道で高さが違うところ (a) が残っています。

a

グラン・ブールヴァール
Grands Boulevards
㊟ Boulevard Saint-Martin 75003, 75010 Paris

⑬ 18：30　近世の凱旋門その1、サン・マルタン門

ブールヴァール・サン・マルタンとブールヴァール・サン・ドニ (仏／サン・ドニ大通り) の境目にあるのが、サン・マルタン門。1674年、ルイ14世の戦勝を記念して建てられた凱旋門です。北東面には、ローマ神話の軍神マルス (p.47) に扮したルイ14世が盾を持ち敵軍を表す鷲と戦う姿、南西面には、ギリシャ神話の英雄ヘラクレスに扮したルイ14世が棍棒を持っている姿が。南面の最上部には「偉大なルイ王へ、ドイツ、スペイン、そしてオランダ軍に勝った記念に」とラテン語で書かれています。

サン・マルタン門
Porte Saint-Martin
㊟ Boulevard Saint-Martin 75010 Paris

⑭ 18：35　近世の凱旋門その2、サン・ドニ門

北面・南面の上部には金で‘LUDOVICO MAGNO（羅／偉大なるルイへ）’の文字が刻まれている。

サン・マルタン門（p.78）よりも2年早い1672年に、ルイ14世の戦勝を記念して建てられました。このサン・ドニ門は現在、パリにある4つの凱旋門の中で一番古いものです。門の上部、北面はルイ14世によるマーストリヒト占拠、南面はライン河を越える様子のレリーフが。そして南面の右下部には「偉大なるルイ王は、2ヵ月足らずでライン河、ワール河、マース河、エルベ河を渡り、3つの地方を制し、40の要塞を奪い、ユトレヒトを13日で占領した」と、当時の連勝を伝える功績がラテン語で記してあります。

サン・ドニ門
Porte Saint-Denis
住 Boulevard Saint-Denis 75010 Paris

4

ルート 4　☞ Métro　4番線　【乗車】Strasbourg–Saint-Denis駅
Bagneux–Lucie Aubrac行き
【下車】Étienne Marcel駅

⑮ 19：00　太陽王に捧げられたヴィクトワール広場

ルイ14世の騎馬像が鎮座するヴィクトワール（仏／勝利）広場。ルイ14世の重臣だったラ・フイヤード陸軍元帥がこの土地を買いとり、君主を讃える円形の広場を造らせます。建設はフランソワ・マンサール（p.73）を大おじに持つ、**ジュール・アルドゥアン＝マンサール**。ルイ14世の首席建築家として、ヴェルサイユ宮殿（p.146）やオテル・デ・ザンヴァリッド（p.108）などを手がけた人物です。当初、広場に置かれていたのは、敵国に見立てたケルベロス（3つの頭を持つ犬の怪物）を踏みつけるルイ14世の像。革命でとり壊され、ルイ18世（p.100）によって、現在の騎馬像が設置されました。

ヴィクトワール広場
Place des Victoires
住 Place des Victoires 75001, 75002 Paris

⑯ 19：15　幼いルイ14世が住んでいたパレ・ロワイヤル

ルイ13世の宰相兼枢機卿リシュリュー（共にp.68）は、王宮ルーヴルの近くに当たるこの地に、パレ・カルディナル（仏／枢機卿宮）を建てます。芸術を保護した彼は、絵画のギャラリーや劇場を併設。この劇場が、今も南西翼にある、国立劇場コメディ・フランセーズの前身となります。リシュリューの死後、宮殿はルイ13世へ寄進され、パレ・カルディナルはパレ・ロワイヤル（仏／王宮）となりましたが、ルイ13世もその5ヵ月後に死去。夫の死後、摂政となったアンヌ・ドートリッシュ（p.68）は、幼いルイ14世（p.68）とその弟を連れてここに移り住みました。ルイ14世（p.69）がパリからヴェルサイユに遷都すると、ここはルイ14世の弟、オルレアン公フィリップ1世の住居となり、代々オルレアン家に引き継がれます。幼いルイ15世（p.69）の摂政を務めたオルレアン公フィリップ2世が、王宮を一時的にパリに戻した際には、パレ・ロワイヤルは政治と芸術、宴と娯楽の中心に。王宮が再びヴェルサイユに戻ってからも華やかさは衰えず、マリー＝アントワネット（p.69）がお忍びで訪れるほどだったとか。18世紀には、オルレアン公ルイ＝フィリップ2世が庭園を囲む回廊を増築。彼は公然と王家に反したため、回廊に入ったカフェやレストランは、次第に革命派の温床になっていきました。現在、パレ・ロワイヤル本体には国務院や文化省などが入っているため入館はできませんが、庭園と人気のカフェやこだわりの専門店などが並ぶ回廊は公開され、憩いの場として親しまれています。

‖現代‖　回廊側の棟に女流作家ガブリエル・コレットや詩人ジャン・コクトーが住んでいました。クール・ドヌール（仏／正面広場）には、現代アーティスト、ダニエル・ビュレンによる縞模様のインスタレーション、通称「ビュレンの円柱」が置かれ、パレ・ロワイヤルのシンボルになっています。

パレ・ロワイヤル
Palais-Royal
住 8 rue de Montpensier 75001 Paris（周辺通り沿いに複数の出入口あり）
時 10/1～3/31　8:30～20:30、4/1～9/30　8:30～22:30
@jardindupalaisroyal
https://www.domaine-palais-royal.fr/

⑰ 19:50　ルイ14世の栄華を求めて、再びルーヴル宮殿へ

ガラスのピラミッド(p.138)の広場には、イタリアバロックを代表する大彫刻家ジャン・ロレンツォ・ベルニーニによる、ルイ14世の騎馬像(a)があります。ルイ14世は彼にルーヴル宮殿のファサード建築を委任。しかし、動的で起伏に満ちた案は却下され、この騎馬像がベルニーニの置き土産となりました。クール・カレ(p.63)を東から出てふり返ると、ベルニーニの代わりに採用されたフランス人建築家クロード・ペローのコロナード(仏/列柱、c)と対面します。威厳と栄華がいつまでも続くことを望んだルイ14世は、芸術や建築にも、永続する均整と調和を求めたのです。

a

b

c

今にも駆け出しそうな騎馬像(a)を安定志向のルイ14世は気に入らなかったという。ルーヴルの東に見られるコロナード(c)は、ルイ14世が築き上げた「グラン・シエクル(仏/偉大な世紀)」を体現しているよう。壁面にほどこされたルイ14世のレリーフとルイ14世のLを組み合わせたモノグラム(b)。

ルーヴル宮殿［ペローのコロナード］
Palais du Louvre ［Colonnade de Perrault］
㊟ 3 place du Louvre 75001 Paris

⑱ 20:00　ハイセンスな古きよきビストロ・パリジャン

ジャン=フランソワ・ピエージュ氏とその妻が手がけるビストロのおすすめは'Le Semainier'と書かれたリストにある日替わりメニュー。前菜・メイン・デザートが各1品ずつあり、セット価格が適用されます。ワインを飲みながらシェアできる料理やアラカルト(a)もビストロらしいラインナップです。

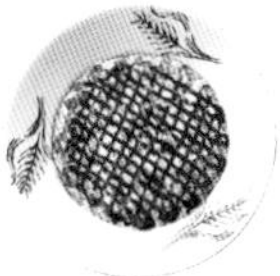
人気のデザート
リ・オ・レ。

a

ア・レピ・ドール
À l'Épi d'Or
㊟ 25 rue Jean-Jacques-Rousseau 75001 Paris
Ⓣ 01 42 36 38 12
㊔ 12:00 〜 14:30
19:00 〜 23:00
㊡ 土、日、祝
Ⓘ @lepidorparis
https://xn--jeanfranoispiege-jpb.com/a-lepi-dor
＊オンライン予約可

近世｜パレ・ロワイヤル（王宮、p.80）。ルーヴル宮殿の隣に建てられたパレ・カルディナル（p.68）が王宮となり、幼き日のルイ14世（p.68）が暮らしました。のちに王弟の領地となったこの場所は、パリに残る王家の栄華を物語ります。

革命｜ル・プロコップ（p.97）の壁紙。革命のシンボル、ファスケス（木の束で巻かれた斧）とフリジア帽（p.89）があしらわれ、それらを束ねるリボンに書かれた文字は「自由・平等」のみ。標語に「博愛」が入ってなかった頃の名残です。

5日目・革命のパリ

Cinquième Jour · Révolution Française

{1789～1799年}

フランス革命の足跡を体感する

1789年7月14日、民衆によってバスティーユ牢獄が襲撃され、1799年、ナポレオン・ボナパルトが第一統領になるまでの、激動の10年間を探訪。マレ地区にあるカルナヴァレ博物館、バスティーユ広場周辺からスタートし、マリー＝アントワネットが収容されたコンシェルジュリーから処刑されるまでの道のり、革命家たちが集ったオデオン周辺を順に巡ります。

ルート I

Chemin Vert 駅からスタート　赤い点線……に沿って❶→❻の順に歩く。
Bastille 駅から乗車

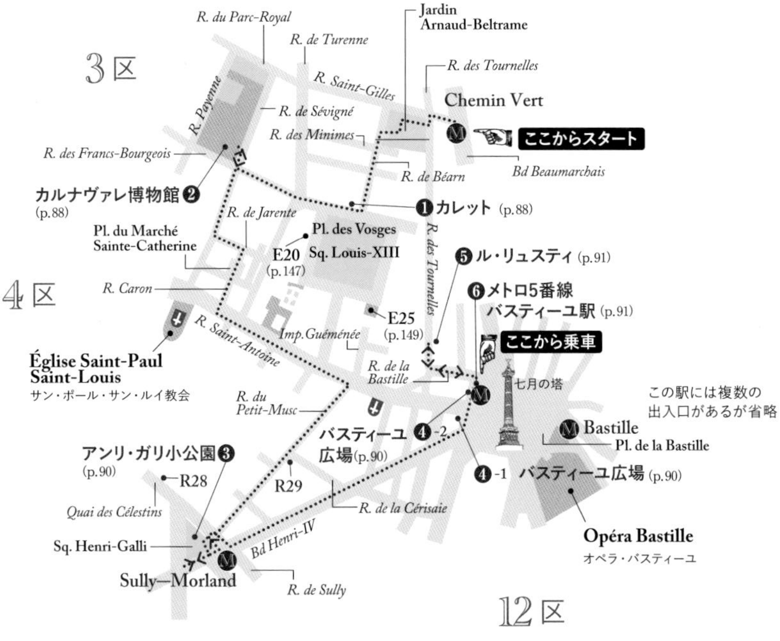

R28～R30 は本コースで紹介している飲食店の代わりのお店です。
詳細は p.148 をご参照ください。

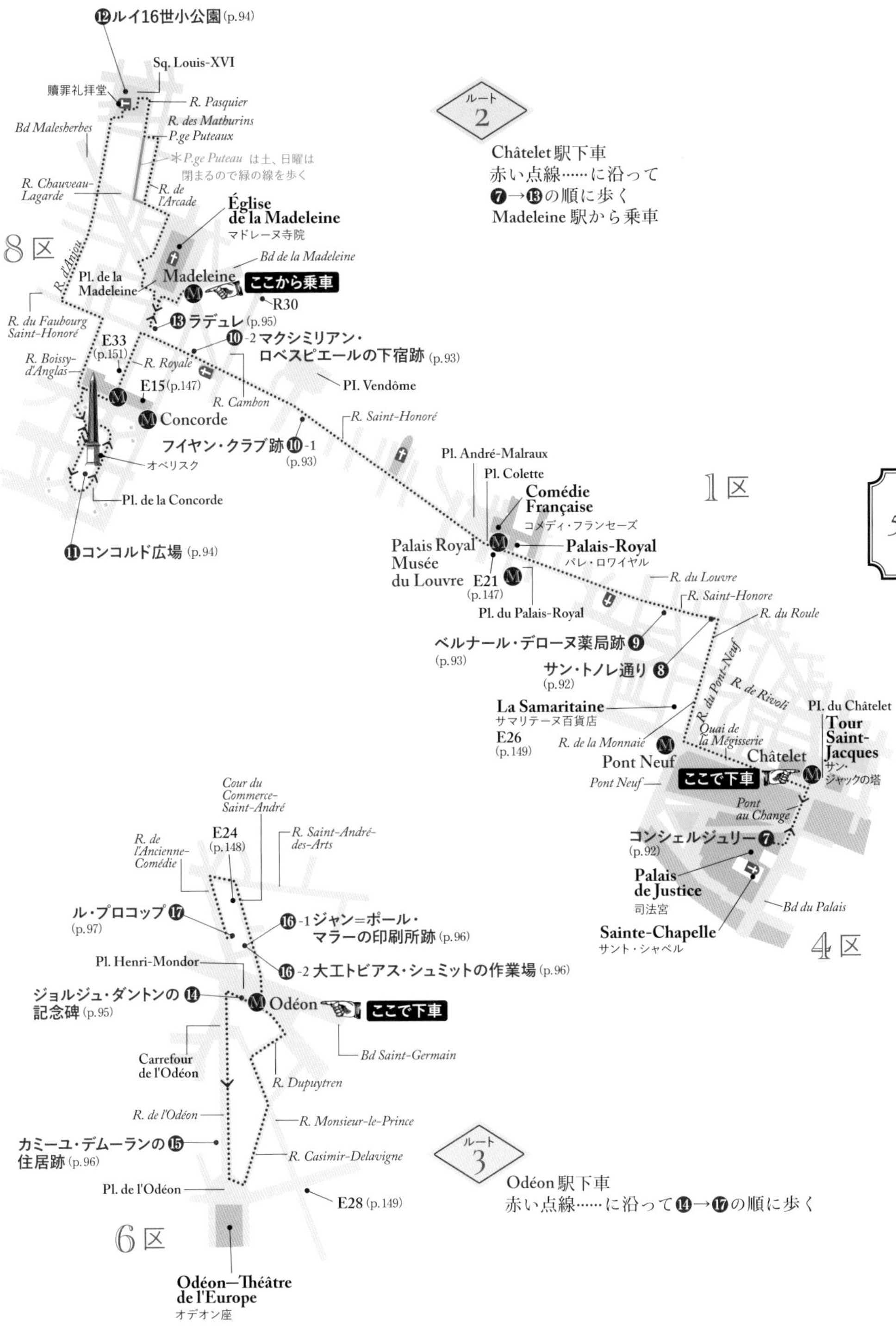

⓬ルイ16世小公園 (p.94)
Sq. Louis-XVI
贖罪礼拝堂
R. Pasquier
R. des Mathurins
Bd Malesherbes
P.ge Puteaux
＊P.ge Puteau は土、日曜は閉まるので緑の線を歩く
R. Chauveau-Lagarde
R. de l'Arcade
Église de la Madeleine
マドレーヌ寺院
8区
R. d'Anjou
Bd de la Madeleine
Pl. de la Madeleine
Madeleine
ここから乗車
R30
R. du Faubourg Saint-Honoré
⓭ラデュレ (p.95)
E33 (p.151)
❿-2 マクシミリアン・ロベスピエールの下宿跡 (p.93)
R. Boissy-d'Anglas
R. Royale
Pl. Vendôme
E15 (p.147)
R. Cambon
Concorde
R. Saint-Honoré
フイヤン・クラブ跡 ❿-1 (p.93)
オベリスク
Pl. de la Concorde
⓫コンコルド広場 (p.94)
ルート 2
Châtelet 駅下車
赤い点線……に沿って
❼→⓭の順に歩く
Madeleine 駅から乗車
Pl. André-Malraux
Pl. Colette
Comédie Française
コメディ・フランセーズ
1区
Palais Royal Musée du Louvre
Palais-Royal
パレ・ロワイヤル
E21 (p.147)
Pl. du Palais-Royal
R. du Louvre
R. Saint-Honore
R. du Roule
ベルナール・デローヌ薬局跡 ❾ (p.93)
サン・トノレ通り ❽ (p.92)
R. du Pont-Neuf
R. de Rivoli
La Samaritaine
サマリテーヌ百貨店
E26 (p.149)
R. de la Monnaie
Pont Neuf
Quai de la Mégisserie
Pl. du Châtelet
Tour Saint-Jacques
サン・ジャックの塔
Châtelet
ここで下車
Pont Neuf
Pont au Change
コンシェルジュリー ❼ (p.92)
Palais de Justice
司法宮
Bd du Palais
Sainte-Chapelle
サント・シャペル
4区
Cour du Commerce-Saint-André
R. de l'Ancienne-Comédie
E24 (p.148)
R. Saint-André-des-Arts
ル・プロコップ ⓱ (p.97)
⓰-1 ジャン＝ポール・マラーの印刷所跡 (p.96)
Pl. Henri-Mondor
⓰-2 大工トビアス・シュミットの作業場 (p.96)
ジョルジュ・ダントンの ⓮ 記念碑 (p.95)
Odéon
ここで下車
Bd Saint-Germain
Carrefour de l'Odéon
R. Dupuytren
R. de l'Odéon
R. Monsieur-le-Prince
カミーユ・デムーランの ⓯ 住居跡 (p.96)
R. Casimir-Delavigne
ルート 3
Odéon 駅下車
赤い点線……に沿って ⓮→⓱の順に歩く
Pl. de l'Odéon
E28 (p.149)
6区
Odéon—Théâtre de l'Europe
オデオン座

バスティーユ襲撃までの道のり

ヴェルサイユ宮殿（p.146）３代目の王となる**ルイ16世**（p.69）は、前王たちから蓄積された、市民たちの不満と財政難を受け継ぐ運命にありました。

1789年５月、ルイ16世は国民の不満を汲むため、第一身分の聖職者、第二身分の貴族、第三身分の平民からなる**三部会**を開きます。しかし、それぞれの主張が相容れることはなく空転。６月、失望した第三身分は国民議会を結成しますが、これに脅威を抱いた貴族らにより議場から閉め出されてしまいます。彼らはやむなくジュ・ド・ポーム（仏／球戯場）へ移動し、憲法制定まで解散せずに戦うことを誓い合いました〈**ジュ・ド・ポームの誓い**〉。この国民議会に対し、国王政府はフランス全土からパリに軍隊を召集。パリに緊張が走る中、第三身分出身の財務長官ジャック・ネッケルが罷免されます。これを受け、**カミーユ・デムーラン**は、自分たちの声が国政に届くことはないと失望した市民たちに向かって「市民諸君よ、武器をとれ！」とパレ・ロワイヤル（p.80）で熱弁をふるい、気勢を上げたのでした。国王軍がパリに進軍し、不安に駆られた市民たちは、パリ中の武器や火薬を集めて武装化。さらなる武器を求め、７月14日の朝、国王軍の武器庫となっていたオテル・デ・ザンヴァリッド（p.108）を襲い、銃や大砲を奪います。そして午後、王政の象徴だった**バスティーユ牢獄**❹❻に向かい襲撃〈**バスティーユ襲撃**〉、夕刻には牢獄を陥落させます。バスティーユ牢獄からパリ市庁舎（p.39）へ続くサン・タントワーヌ通りは、ひと晩中、勝利にわく民衆の歓喜の声であふれたのでした。

この日を契機に、革命の気運は近隣諸国に広がり、８月にはラファイエット侯爵（p.94）が起草した「フランス人権宣言」が採択されます。一方、秋に入ってからも続く食糧難にパリの女性たちが蜂起し、ヴェルサイユまでのデモが起こりました〈ヴェルサイユ行進〉。このデモによって国王一家は、ヴェルサイユからチュイルリー宮殿（p.103）へと強制連行されます。

10年間続いた フランス革命の荒波

この頃、急進的に革命を進めようとするジャコバン・クラブ（仏／**ジャコバン派**）や、穏健派のコルドリエ・クラブ（仏／**コルドリエ派**）などの政治党派が生まれ、これらによって、シャン・ド・マルス（p.125）で、革命1周年の連盟祭が開かれました。そんな中1791年には、国王一家による**マリー＝アントワネット**（p.69）の故郷オーストリアへの逃亡未遂事件が起こります〈ヴァレンヌ事件〉。この処分を巡ってジャコバン派内で対立が起き、王の廃位を求めるジャコバン派から、王の下での立憲政治を望むラファイエット侯爵らが**フイヤン・クラブ**（仏/フイヤン派）として独立。憲法が制定され、フイヤン派内閣が成立しました。しかし政局は安定せず、すぐに政権交代し、ジロンド派内閣に。新内閣は、革命を阻止しようとする近隣王国との戦争を始めます〈**フランス革命戦争**〉。革命後も困窮した生活は変わらず、戦争も始まり、不満が積もり積もった市民は、1792年8月10日、チュイルリー宮殿を襲撃。その結果、国王一家はタンプル塔に幽閉されます〈**8月10日事件**〉。これをもって、9月21日に王政廃止、22日に**共和政宣言**がなされました。裁判で死刑を宣告された**ルイ16世**は、1793年1月21日、タンプル塔から馬車に乗せられ、グラン・ブールヴァール（p.78）を通って革命広場（現コンコルド広場）⓫へ。ギロチン台で断首刑に処されます。

その後、ジャコバン派の**マクシミリアン・ロベスピエール**による独裁政治が始まり、テロの語源となる、ラ・テラー（仏／**恐怖政治**）が猛威をふるいました。これにより、王妃マリー＝アントワネットをはじめ、コルドリエ派の**ジョルジュ・ダントン**や、機関紙で恐怖政治を批判し「自由、平等、友愛」の標語を普及させた**カミーユ・デムーラン**らも粛清されます。この独裁に対してクーデターが起こり〈テルミドール9日のクーデター〉、1794年、ロベスピエール自身もギロチン台へ。こうして、フランス全土で約1万6千もの人々が処刑された恐怖政治は、幕を下ろしたのでした。

❶ 9:00 老舗サロン・ド・テでブリオッシュを

創業1927年のカレットの2店舗目としてできたのが、ヴォージュ広場の一画にある、こちら。朝食セットは2種。ひとつは、温かい飲み物＋ミニヴィエノワズリー3個。もうひとつは、温かい飲み物＋ヴィエノワズリー＋トースト＋フレッシュジュース。後者のヴィエノワズリーでプレーンなブリオッシュが選べます。

カレット プラス・デ・ヴォージュ店
Carette Place des Vosges
住 25 place des Vosges 75003 Paris
電 01 48 87 94 07
時 7:30 ～ 23:00、朝食 7:30 ～ 12:00
Ⓘ @carretteofficiel

ドライフルーツが入ったブリオッシュ Bun（バン）。

❷ 10:00 パリ史のすべてがある、カルナヴァレ博物館

ここは先史時代から現在に至るまでのパリの歴史を専門とする博物館です。17世紀にフランソワ・マンサール（p.73）によってルネサンス様式に改築された通称カルナヴァレ館と、ルイ14世のためにサン・マルタン門（p.78）を手がけたピエール・ビュレによって建てられたル・ペルティエ・ド・サン・ファルゴー館の、ふたつのオテル・パルティキュリエ（p.74）で構成されています。19世紀、パリ大改造（p.101）を推進していたオスマン知事（p.101）は、大改造で失われゆくパリの姿を保存するための博物館創設を進言。彼の勧めに従いパリ市はこの館を買いとり、絵画、家具、装飾美術品だけではなく、写真、文書、模型、硬貨など、様々な物品も含めた歴史資料博物館として再生させます。

フラン・ブルジョワ通りから見るカルナヴァレ博物館（a）とパリ市の紋章（p.159）があしらわれた門（b）。

2021年には、約4年間にわたる改修工事を終え、さらに見やすくパリ史を観覧することができるようになりました。コースでは、3階（仏：2階）にある革命の展示室は必見です。ジュ・ド・ポームの誓い（p.86）に代表される革命前の動乱、バスティーユ襲撃（p.86）、ルイ16世とマリー＝アントワネット（共にp.87）の最期の日々、当時の革命派や民衆たちの様子、革命1周年の連盟祭などを伝える品々が展示されています。ここでしか見ることのできない、革命のさなか、そこに実在していた記憶の証人ともいえる品々は、どんなに些細なものでも、静かな威厳をたたえています。

‖ルネサンス‖ カルナヴァレ館はアンリ2世の治世下に、クール・カレ（p.63）を手がけたピエール・レスコーによって建てられたのが始まりです。館内から見える庭園の壁面には、アンリ4世（p.51）の騎馬像のレリーフがあります。

‖近世‖ カルナヴァレ館にはセヴィニエ夫人（p.75）が住んでいました。博物館の前の通りもセヴィニエ通りと名づけられています。

‖近代‖ 庭園内にある月桂冠を両手に持つ勝利の女神の像は、ナポレオン1世（p.100）のイタリアとエジプト遠征記念に造られたもの。シャトレ広場中央の円柱の上にレプリカがあります。

c：La Révolution française（フランス革命）の表示のある階段をのぼり革命の展示室へ。d：1789年8月26日に制定された人類史を変えたともいえるフランス人権宣言。e：ルイ16世の肖像画。f：破壊されたバスティーユ牢獄の実際の石で作製されたバスティーユ牢獄の模型。幅1mほどあり、革命後フランスに初めて制定された83県すべてに、この模型が送られた。g：左は革命派がかぶった円錐形の赤い帽子、**フリジア帽**。

カルナヴァレ博物館
Musée Carnavalet

住 23 rue de Sévigné 75003 Paris
時 10:00 ～ 18:00
（窓口は17:15まで、12/24・31は17:00まで）
休 月、1/1、5/1、12/25
料 常設展無料、企画展有料
@museecarnavalet
https://www.carnavalet.paris.fr/

❸ 12：05　バスティーユ牢獄の塔の遺跡を鑑賞

三角形をしたアンリ・ガリ小公園の奥、アンリ4世大通り側に、石造りの遺跡が無造作に置かれています。これは、バスティーユ牢獄（p.86）に8つあった塔のうちのひとつ、自由の塔の基盤部分です。1900年のパリ万博（p.121）に向けて開通した、メトロ1番線の工事中に発見され、この場所に移されました。バスティーユ牢獄の一部が実際に近い形で残されている希少なものです。

遺跡の下の方には1899年に発見後、1900年にここに移されたことを示す銘板がある。

アンリ・ガリ小公園
Square Henri-Galli
㊟ 9 boulevard Henri-IV 75004 Paris
https://www.paris.fr/lieux/square-henri-galli-34

❹ 12：20　バスティーユ牢獄跡、広場周辺を歩く

アンリ4世大通りからバスティーユ広場へ出て左に曲がると、広場沿いのカフェの壁面（a）に「1789年7月14日に陥落し、同年に破壊された」と記された銘板（b）が掲げられています。中世にシャルル5世（p.29）が築いたバスティーユ要塞は、17世紀から、王の令状で逮捕された囚人が収監されていたため、王権の横暴の象徴とみなされていました。そのため、革命時には囚人はほとんどいなかったにも関わらず、襲撃の対象になったのです。サン・タントワーヌ通りを渡ったところにあるキオスクやメトロの出入口周辺には、当時の牢獄の跡が、地面に埋め込まれた2種類のメダルで示されています（c）。

‖近代‖　バスティーユ広場中央に立つ「七月の塔」は、七月革命（p.101）を記念してルイ＝フィリップ（p.101）によって建てられたものです。頂上で金色に輝くのは自由の寓意像。右手には自由を表すたいまつを、左手には暴政の終わりを意味する引き裂かれた鎖を持っています。

a

b

a：バスティーユ襲撃の銘板があるCafé Français（カフェ・フランセ）。b：現在の地図の上に当時の牢獄の輪郭が描かれた凝ったデザインの銘板。

c

地面に埋め込まれたメダルは、この2種類。

バスティーユ広場
Place de la Bastille
㊟ Place de la Bastille 75004, 75011, 75012 Paris
銘板 ❹-1
㊟ 1-3 place de la Bastille 75004 Paris
牢獄跡のメダル ❹-2
㊟ 5-7 place de la Bastille 75004 Paris

❺ 12：30　バスティーユの隠れ家的ビストロイタリアン

アットホームながら本格派のイタリアンが味わえるお店。前菜にはアンティパストの盛り合わせ、パスタやリゾットはどれもおすすめです（a：ボンゴレのリングイーネ）。月曜から金曜のみ、その日の食材で決まる前菜＋メイン または メイン＋デザートのお得なセットメニューがあります。

a

> ル・リュスティ
> Le Rusti
> 住 8 rue des Tournelles 75004 Paris
> 電 01 42 72 02 51
> 時 12:00 ～ 14:30、19:00 ～ 23:30
> 日 12:00 ～ 15:00、19:00 ～ 22:00
> @lerusti.paris
> http://www.lerusti.com/

❻ 14：00　バスティーユ牢獄跡、地下を歩く

ランチのあと、来た道を戻ってメトロの階段を降り、5番線の Bobigny–Pablo Picasso方面行きのホームへ。ホーム地面には「バスティーユ牢獄のお堀の外壁の境界線」と刻印された金属（b）が埋め込まれています。ホームの壁面（a）には、牢獄の遺跡の一部と、現在の道路とメトロ、バスティーユ牢獄とお堀の位置関係などの詳しい説明が、フランス語と英語で書かれています。ホームを直進し、1番線の乗り換え通路へと向かいましょう。

a

b

写真aの下の方に見える石はバスティーユ本体ではなく、バスティーユを囲んでいたお堀の外壁の遺跡。埋め込まれた金属(b)の全文はLIMITE DE L'ANCIEN MUR DE CONTRESCARPE DU FOSSE DE LA FORTERESSE DE LA BASTILLE、その一部が見える。

> メトロ5番線バスティーユ駅
> Station de Métro 'Bastille' Ligne 5
> Bastille駅 5番線
> Bobigny–Pablo Picasso行きホーム

ルート 2　☞ Métro 1番線　【乗車】Bastille駅 La Défense行き
【下車】Châtelet駅 15番出口

❼ 14：30　マリー＝アントワネットが最後に過ごしたコンシェルジュリー

ここは中世初期にフランス最初の王宮が置かれた由緒ある場所。王たちが別邸や郊外に移り住むようになると、コンシェルジュ（仏／守衛）によって守られたため、コンシェルジュリーと呼ばれるようになりました。中世後期には裁判所と牢獄として利用され、革命期には革命裁判所が設置されます。そして、恐怖政治（p.87）の敷かれた2年ほどの間に、4千人を超える人々がここで裁かれました。セーヌ河沿いの4つの塔は、王宮の最も古くから残っている部分です。中程にあるふたつの塔の間が当初の王宮の入口。一番右側はボンベックの塔と呼ばれ、何世紀にもわたって拷問や尋問が行われてきました。一番左側の時計の塔は、パリで最初の公共の時計が設置され、今でもパレ通り側から、その時計を見ることができます。1793年、マリー＝アントワネット（p.87）は、タンプル塔からひとり移送され、死刑になるまでの75日間ここに収容され、裁判を受けることになります。展示室を順路に沿って進むと、最後の方に、マリー＝アントワネットの独房が再現された部屋、そして、ルイ16世（p.86、p.87）とマリー＝アントワネットに捧げられた礼拝堂が。現在はVRシステムが導入され、タブレットを展示室内の指定された場所にかざすと、その時代の様子や説明（日本語あり）が映像で映し出され、より臨場感のある歴史が体験できるようになっています。

コンシェルジュリー Ⓡ
Conciergerie
㊟ 2 boulevard du Palais 75001 Paris
時 9:30 ～ 18:00（入館は17:30まで）
休 5/1、12/25
料 13€（18歳未満無料）、
1・2・3・11月の第1日曜無料
Ⓘ @conciergerie.paris
https://www.paris-conciergerie.fr/

❽ 15：30　処刑台への道を歩く、サン・トノレ通り

マリー＝アントワネットの人生最期の1時間となる処刑台へのルートをたどります。午前4時に死刑判決を受けた彼女は、11時15分、うしろ手に縛られた状態で荷台に乗せられコンシェルジュリーを出発。シャンジュ橋を渡り、サン・トノレ通りに入ります。まだリヴォリ通り（p.103）がないこの頃は、サン・トノレ通りがパリの東西を結ぶメインストリートでした。処刑台が設置された革命広場（現コンコルド広場、p.94）まで延々と続く沿道には、王妃の最期を見届けようと大勢の人が押し寄せていたそうです。

ルール通りからサン・トノレ通りに入るところ。
サン・トノレ通りは約2kmの長い道。

サン・トノレ通り
Rue Saint-Honoré
住 Rue Saint-Honoré 75001,75008 Paris

❾ 創業1719年、ベルナール・デロース薬局跡

サン・トノレ通り115番地にあったベルナール・デロース薬局。パリに最も古くからある薬局のひとつで、マリー＝アントワネットはここで軟膏や化粧品を買い求めていました。また、スウェーデンのフェルセン伯爵がマリー＝アントワネットとの秘密の文通のために、透明になるインクをこの薬局で購入したともいわれています。現在もサン・トノレ薬局の名で営業が続けられています。

b

a

a：300 年以上経つ老舗とは一見わかりにくいが、ファサードの左下にここの歴史が記されている。b：壁に書かれた文字から、いつの頃からか、エッセンスを蒸留して作っていたことがわかる。

ベルナール・デロース薬局跡 [サン・トノレ薬局]
Ancienne Pharmacie Bernard Derosne
[Pharmacie Saint-Honoré]
住 115 rue Saint-Honoré 75001 Paris

❿ サン・トノレ通りに残る、革命の足跡

サン・トノレ通りは1789年から国民議会が置かれた場所に近かったため、多くの議員の居住地となり、革命中は重要な通りのひとつでした。サン・トノレ通り202番地の先にあるパレ・ロワイヤル広場。当時この広場にあったカフェ・ド・ラ・レジャンスの窓から、荷台に乗せられて移送されるマリー＝アントワネットの姿を、画家ジャック＝ルイ・ダヴィッドがスケッチしています。サン・トノレ通り235番地には、革命時に設立されラファイエット侯爵 (p.94) らが中心メンバーだったフイヤン・クラブ (p.87) 跡が。398番地には、恐怖政治を敷いた**マクシミリアン・ロベスピエール** (p.87) の下宿跡があります。ロベスピエールは、パリの名門校で優秀な成績を収め、法律の学位を取得した弁護士でした。三部会 (p.86) の第三身分の代議員に選出されるとすぐに主要人物となり、ジャコバン派 (p.87) には設立時から所属、理想に燃えた潔白な革命家が独裁者となったのでした。

フイヤン・クラブ跡 ❿ -1
Club des Feuillants
住 235 rue Saint-Honoré 75001 Paris

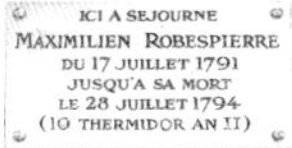

マクシミリアン・ロベスピエールの下宿跡 ❿ -2
Séjour de Maximilien Robespierre
住 398 rue Saint-Honoré 75001 Paris

⓫ 16：10　ギロチン台が置かれたコンコルド広場

ルイ15世（p.69）が造らせたこの広場は、ルイ15世広場、革命広場、コンコルド（仏／調和）広場と名を変え、今はオベリスクがシンボルに。

サン・トノレ通り（p.92）からロワイヤル通りに入り、革命広場（現コンコルド広場）に到着。ギロチン台は広場の南東、セーヌ河に近いチュイルリー宮殿側に真っ直ぐ立っていたといいます。1793年10月16日12時15分、マリー＝アントワネット（p.87）の処刑執行。これに先立つこと9ヵ月、1月21日にルイ16世（p.86、p.87）もこの広場で処刑されました。ルイ＝フィリップ（p.101）の時代にエジプトから贈られたオベリスクの、シャンゼリゼ大通り側の地面には、ふたりの処刑執行を記した銘板（a）が埋め込まれています。

コンコルド広場
Place de la Concorde
㊟ Place de la Concorde 75008 Paris

a

5

コンコルド広場からルイ16世小公園へ向かう途中のアンジュ通り８番地に、「フランス人権宣言」を起草した**ラファイエット侯爵**の終の住処を示す銘板があります。彼は貴族として王家に仕えながらも革命を支持し、国民衛兵の指揮官も務めた軍人です。アメリカ独立戦争とフランス革命で活躍したため、両大陸の英雄と讃えられています。

⓬ 16：40　ふたりの亡骸が置かれたルイ16世小公園

処刑後、ルイ16世とマリー＝アントワネットの遺体は、コンコルド広場で処刑された人々の遺体置き場だったマドレーヌ墓地（現ルイ16世小公園）へと運ばれました。ふたりの亡骸は膝の間に頭部が置かれた状態で放置されていたとか。処刑から21年後の王政復古時に、ルイ16世の弟のルイ18世（p.100）の命により、ふたりの遺体が探し出されます。歴代の王が眠るサン・ドニ大聖堂（p.143）に移葬され、遺体があった場所には贖罪礼拝堂（a）が建てられました。敷地内には、民衆がチュイルリー宮殿を襲撃した8月10日事件（p.87）の際に殉死したスイス衛兵の一部も埋葬されています。

a

バラが咲いているところに並んでいるのがスイス衛兵のお墓。

ルイ16世小公園
Square Louis-XVI
㊟ 29 rue Pasquier 75008 Paris
㊕ 8:00～、土・日9:00～
閉園17:30～20:30（季節により変更）
https://www.paris.fr/lieux/square-louis-xvi-2479

⓭ 17：10　パリで初めてできたサロン・ド・テのひとつ

パリ風マカロンを世に広めたことでも知られる老舗ラデュレ。ロワイヤル店は創業の地で、天井のフレスコ画 (b) がそれを物語っています。オリジナルブレンドのフレーバー紅茶「マリー＝アントワネット」は、レモンやマンダリンなどの柑橘類と蜂蜜の香り。マカロンやマカロンに次ぐ看板商品「ウジェニー (ナポレオン3世妃名)、a」にもこの紅茶味 (水色) があります。

a

ラデュレ ロワイヤル店
Ladurée Royale
住 16-18 rue Royale 75008 Paris
電 01 42 60 21 79
時 8:00 ～ 19:00
土9:00 ～ 19:00
日・祝 10:00 ～ 19:00
Ⓘ @maisonladuree
https://www.laduree.fr/laduree-paris-royale.html
＊サロン・ド・テは2024年7月に再オープン予定。

b

5

ルート 3　☞ Métro 12番線
【乗車】 Madeleine駅 Mairie d'Issy行き
【乗換】 10 番線　Sèvres−Babylone駅　Gare d'Austerlitz行き
【下車】 Odéon駅　1 番出口

⓮ 18：45　革命家ゆかりの地のシンボル、ダントン像

ジョルジュ・ダントンは王室顧問会議つきの弁護士出身で、革命が始まると国会議員となり、司法大臣なども務めた政治家です。ジャコバン派に加入するも、その恰幅のよさと豪快さ、抜群の演説で人望を集め、コルドリエ派を創設します。革命政府だった公安委員会の委員長まで務めましたが、次期委員長のロベスピエールによって死刑となりました。ちょうど彼のアパルトマンだった辺りに建てられたこの像は、革命100周年となる1889年に寄贈されることが決まり、1891年に落成しました。(すべてp.87)

b

a

a：オデオン駅の出入口近くに立つダントン像。b：台座には、ダントンの格言「パンの次に人々に必要なものは教育である」の文字が刻まれている。

ジョルジュ・ダントンの記念碑
Monument à Georges Danton
住 Place Henri-Mondor 75006 Paris

⑮ フランスの標語を生んだデムーランの住居跡

オデオン通り22番地に、カミーユ・デムーランが逮捕されるまで暮らしていた住居跡があります。デムーランはパリの名門校でロベスピエールと同級生。弁護士になったあとは、ダントンの発行する機関紙のジャーナリストとなりました。ロベスピエール、ダントン両者と親交の深いデムーランでしたが、ロベスピエール率いるジャコバン派の恐怖政治が始まると、ダントン設立のコルドリエ派につき、恐怖政治の批判を始めます。家族ぐるみで親交が深かったロベスピエールから死刑宣告を受けるという最期を迎え、ダントンと同じ日にギロチン台で処刑されました。(すべてp.87)

カミーユ・デムーランの住居跡
Maison de Camille Desmoulins
住 22 rue de l'Odéon 75006 Paris

デムーラン(p.86)はパレ・ロワイヤルでの「市民諸君よ、武器をとれ!」の演説で名を上げた。革命1周年の連盟祭で彼が掲げた「自由・平等・友愛」は、現在のフランスの標語になっている。

通りの先に見える**オデオン座**は、ルイ16世治世下にマリー＝アントワネット(p.69)臨席のもと落成した劇場で、当時は「フランス座」と呼ばれていました。この時代の劇作家ボーマルシェによる戯曲「フィガロの結婚」は幾多の難局を乗り越えここで初演され、大成功を収めます。

⑯ マラーの印刷所と大工シュミットの作業場跡

革命時に重要な役割を果したクール・デュ・コメルス・サン・タンドレ(p.32)へ。ブラッスリー・デ・プレ(p.143)の向かいのレストランの上部に掲げられた銘板(a)には、8番地にはジャン＝ポール・マラー(p.97)が機関紙『人民の友』を刷った印刷所が、9番地には大工トビアス・シュミットらによる初のギロチン台が作られた作業場が、20番地(現在ダントン像のある場所、p.95)にはダントンが逮捕されるまで住んでいた住居があったと記されています。記載されているのは当時の番地のため、印刷所と作業場の正確な場所は特定できませんが、この2軒は向かい合っていたそうです。

a

中世のルートでも訪れたクール・デュ・コメルス・サン・タンドレ。ここにあったシュミットの作業場でギロチン台試作の犠牲となったのは羊たち。「処刑方法を平等かつ人道的にすべき」と提案した医師ジョゼフ・ギヨタンによって採用されたため、ギヨティヌ(英:ギロチン)と呼ばれるようになりました。

ジャン＝ポール・マラーの印刷所跡 ⑯-1
Imprimerie de Jean-Paul Marat

大工トビアス・シュミットの作業場 ⑯-2
(ギロチン第一号の製作所)
Atelier du Charpentier Tobias Schmidt
住 Cour du Commerce-Saint-André
75006 Paris

アンシエンヌ・コメディ（仏／旧劇場）通り16番地には、1789年に**マラー**が印刷機を入れて暮らしていたラ・フォトリエール館があったことを示す銘板が掲げられています。マラーは王室つきの医師でしたが、革命後は国民議会の議員となりジャコバン派に所属。自ら印刷所を構えて体制批判の新聞を発行しますが、皮膚病の治療のための入浴中にジロンド派の娘シャルロット・コルデーに暗殺されました。

⑰ 19：15　パリ最古のカフェは、小さな歴史博物館のよう

レストランのある旧劇場通りという通り名からもわかるように、オデオン座（p.96）ができる前は、ここに劇場がありました。その劇場客を見込んで向かいに建てられたのが、創業1686年、パリ最古のカフェといわれるル・プロコップです。特にバスティーユ襲撃（p.86）前後は革命家たちのたまり場となり、ここで熱い議論が交わされたといいます。ヴォルテールやルソー（共にp.70）から、ダントン（p.87、p.95）、マラー（p.97）、ロベスピエール（p.87、p.93）、ナポレオン・ボナパルト（p.100）といったそうそうたる顔ぶれが、常連客として名を連ねていました。ヴォルテールが使っていた机やナポレオンが支払い代わりに置いていった帽子などが飾られ、当時のままの状態を保っているという店内は、まるで小さな博物館のよう。革命の頃にタイムスリップした気分を味わいながら食事が楽しめ、昼12時から深夜24時まで356日いつ行っても洗練されたフランス伝統料理（a）が楽しめることが最大の魅力です。

プロコップの常連客の集合図。

a：スペシャリティのコック・オ・ヴァン（仏／鶏の赤ワイン煮）は写真で１人分。ひとつ頼んでふたりで分けても。
b：２階には、常連だったヴォルテール、ラファイエット侯爵（p.94）、ショパンなどの名のついたサロンが設けられている。

ル・プロコップ
Le Procope
㊟ 13 rue de l'Ancienne-Comédie
75006 Paris
☎ 01 40 46 79 00
㊋ 12:00 ～ 24:00
❗ @restaurantprocope1686
https://www.procope.com/
＊オンライン予約可

6日目・近代のパリ

Sixième Jour · Époque des Empires

{1799 ～1870年}

ふたりのナポレオンによるパリの変貌

革命やクーデターを繰り返しながら、何度も政権が変わったこの時代に、ふたりのナポレオンによって、パリはその姿を大きく変えました。ナポレオン１世の威光を表したモニュメントの数々、そして、その甥のナポレオン３世が推進した都市改造の足跡をたどります。最後は、ふたりの時代の間に数多く造られ、19世紀そのままの雰囲気を今に伝える、屋根つきの小道、パサージュを巡ります。

ルート 2

Charles de Gaulle—Étoile駅下車
赤い点線……に沿って⓮へ歩く
Charles de Gaulle—Étoile駅から乗車

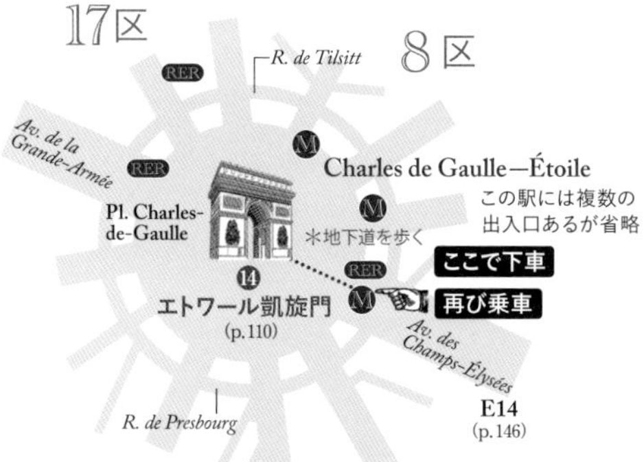

R31～R37は本コースで紹介している飲食店の代わりのお店です。
詳細はp.148をご参照ください。

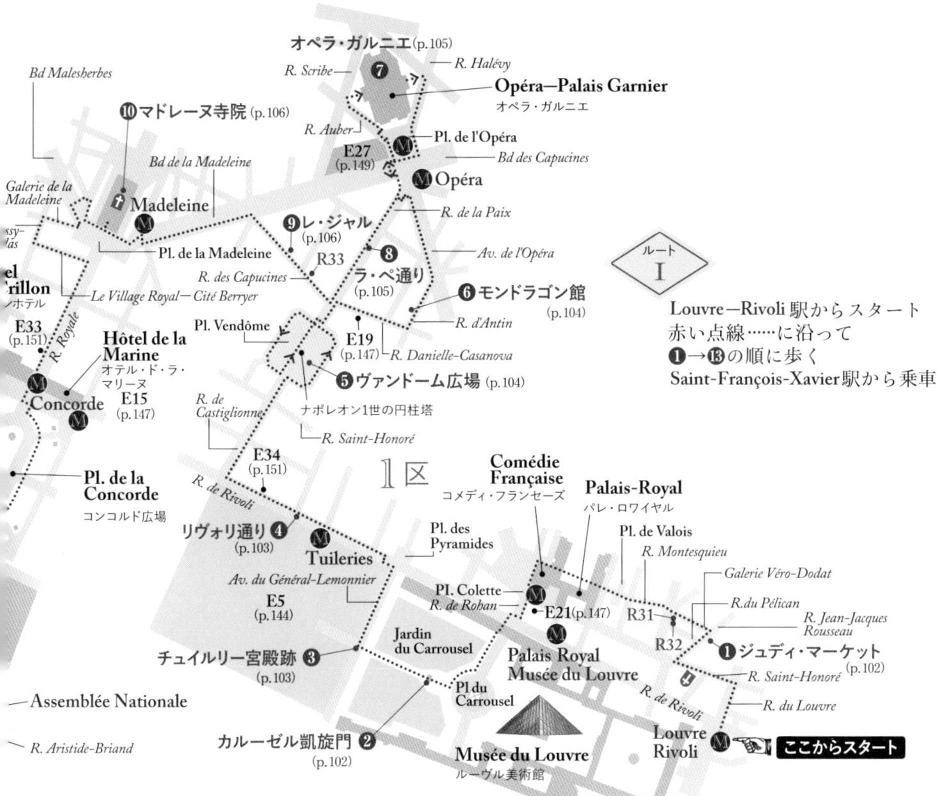
オペラ・ガルニエ(p.105)
R. Halévy
R. Scribe
7
Opéra—Palais Garnier
オペラ・ガルニエ
Bd Malesherbes
10マドレーヌ寺院 (p.106)
R. Auber
Pl. de l'Opéra
E27
(p.149)
Bd des Capucines
Opéra
Bd de la Madeleine
Galerie de la Madeleine
Madeleine
R. de la Paix
9レ・ジャル
(p.106)
Pl. de la Madeleine
8
Av. de l'Opéra
R33
ラ・ペ通り
(p.105)
R. des Capucines
Le Village Royal— Cité Berryer
6モンドラゴン館
(p.104)
R. d'Antin
ルート
I
Louvre—Rivoli 駅からスタート
赤い点線……に沿って
1→13の順に歩く
Saint-François-Xavier駅から乗車
E33
(p.151)
R. Royale
Hôtel de la Marine
オテル・ド・ラ・マリーヌ
Pl. Vendôme
E19
(p.147)
R. Danielle-Casanova
5ヴァンドーム広場 (p.104)
Concorde
E15
(p.147)
R. de Castiglione
ナポレオン1世の円柱塔
R. Saint-Honoré
E34
(p.151)
1区
Comédie Française
コメディ・フランセーズ
Palais-Royal
パレ・ロワイヤル
Pl. de la Concorde
コンコルド広場
R. de Rivoli
リヴォリ通り 4
(p.103)
Tuileries
Pl. des Pyramides
Pl. de Valois
R. Montesquieu
Galerie Véro-Dodat
Av. du Général-Lemonnier
Pl. Colette
R. de Rohan
E21(p.147)
R31
R.du Pélican
R. Jean-Jacques Rousseau
E5
(p.144)
Jardin du Carrousel
R32
Palais Royal Musée du Louvre
1ジュディ・マーケット
(p.102)
チュイルリー宮殿跡 3
(p.103)
R. Saint-Honoré
Pl du Carrousel
R. de Rivoli
R. du Louvre
Assemblée Nationale
Louvre Rivoli
ここからスタート
R. Aristide-Briand
カルーゼル凱旋門 2
(p.102)
Musée du Louvre
ルーヴル美術館

ルート
3
Richelieu—Drouot駅下車
赤い点線……に沿って
15→23の順に歩く
9区
E22
(p.147)
R. du Faubourg-Montmartre
P.ge Verdeau
パサージュ・ジュフロワ16
(p.111)
17パサージュ・ヴェルドゥ (p.112)
P.ge Jouffroy
Bd Haussmann
Richelieu Drouot
Musée Grévin
グレヴァン蝋人形館
Bd Montmartre
ここで下車
Grands Boulevards
Bd des Italiens
P.ge des Panoramas
P.ge des Princes
R. de Richelieu
パサージュ・デ・プランス15
(p.111)
R37
18パサージュ・デ・パノラマ (p.112)
R. Saint-Marc
Pl. de la Bourse
R. de la Bourse
R. Montmartre
R. du Quatre-Septembre
R. Notre-Dame-des-Victoires
R. Saint-Augustin
パサージュ・ショワズール
(p.114) 21
19旧証券取引所 (p.113)
R. Sainte-Anne
Bourse
R. de Louvois
R. Vivienne
2区
R. Colbert
P.ge Choiseul
R. Lulli
20ルヴォワ小公園 (p.113)
R. de Richelieu
R. des Petits-Champs
22ギャルリー・ヴィヴィエンヌ (p.114)
Galerie Vivienne
R35
R36
R. La Feuillade
Bibliothèque Nationale Richelieu
国立図書館
リシュリュー館
E9
(p.146)
23ビストロ・ヴィクトワール (p.115)
R. Radziwill
R. des Petits-Pères
R. de la Vrillière

皇帝ナポレオン1世の出現と栄光

革命で王政が途絶えたフランスに現れたのは、ナポレオンが統治するフランス帝国。ふたりの皇帝によって、革命後のパリは大きく姿を変え、現在私たちが目にするパリの姿が誕生します。

1769年、コルシカ島でのちに**ナポレオン1世**となる**ナポレオン・ボナパルト**は生まれました。20歳のときにパリで革命を迎え、フランス革命戦争(p.87)に参戦。イタリア遠征で名を上げ、一躍英雄になります。その後、恐怖政治(p.87)後に成立した総裁政府の総裁のひとり、ポール・バラスの勧めで、**ジョゼフィーヌ・ド・ボアルネ**と結婚❻。エジプト遠征中、総裁政府に対するクーデターが起こり〈ブリュメール18日のクーデター〉、権力を掌握するチャンスと睨んだナポレオンはエジプトから帰国します。そして、クーデターを成功させ、統領政府を結成して第一統領に。以降、フランス革命戦争は、近隣諸国への侵攻に変貌します〈ナポレオン戦争〉。

1804年、ナポレオンは皇帝に即位し、第一帝政を開始(これ以前はナポレオン・ボナパルト、これ以降はナポレオン1世と表記)。ナポレオン法典や通りの番地制の制定など、様々な改革を推し進めます。ルーヴル美術館、カルーゼル凱旋門❷、エトワール凱旋門⓮、リヴォリ通り❹、ナポレオン通り(現ラ・ペ通り)❽、ブルボン宮殿(現 国会議事堂)⓫、マドレーヌ寺院❿、ヴァンドーム広場の記念塔❺、数々の橋を建設。運河(p.149)や泉などを配備し水運を改善、証券取引所⓳、市場、屠殺場の他、ペール・ラシェーズ(p.149)、モンマルトル、モンパルナスの3ヵ所に墓地を設置しました。対外的にも戦勝が続き、一時期はヨーロッパの大半の領土を手中に収めます。しかし、1812年ロシア遠征に失敗し、エルバ島へ流刑に。ルイ16世の弟、**ルイ18世**が即位した第一復古王政中、島を脱出しパリに戻ってきたナポレオンは再び皇帝の座につきます。しかし、1815年、ワーテルローの戦いで完敗を喫し、エリゼ宮(p.122)で退位書に署名〈百日天下〉。南大西洋の孤島、セント・ヘレナ島へ流刑となり、怒濤の人生を終えたのでした。

ナポレオン3世と
パリの大改造

ナポレオン１世の退位に伴い、フランスは第二復古王政の時代へ。ルイ18世が再び即位し、彼の死後は弟の**シャルル10世**が王位を継承します。革命以前の体制に戻そうとしたシャルル10世に対して、1830年７月、学生らが三色旗を掲げて武装蜂起しました〈**七月革命**〉。その結果、ブルボン家の分家、オルレアン公**ルイ＝フィリップ**がフランス人の王として即位、七月王政が開始されます。この七月革命は「栄光の三日間」とも呼ばれ、ルイ＝フィリップは、バスティーユ広場（p.90）に記念塔を建設しました。ルイ＝フィリップの治世下に、エトワール凱旋門⓮が落成し、コンコルド広場（p.94）にエジプトから贈られたオベリスクが建てられ、パリと近郊の町を結ぶ初の鉄道が敷かれます。1840年にはナポレオン１世の遺骸がパリに帰還。エトワール凱旋門をくぐり、オテル・デ・ザンヴァリッド⓬に埋葬されました。また、同じ頃、首相アドルフ・ティエールの提案により、パリ郊外までとり囲むティエールの城壁が造られます。

貴族制は廃止されたものの、**ブルジョワ**（仏／有産階級、貴族出身ではないが経済力を持つ人々）優位の政治を行ったルイ＝フィリップに対して、1848年、労働者が蜂起〈二月革命〉。第二共和制が成立し、ナポレオン１世の甥が大統領に就任します。権力の増幅を求めた彼は議会を解散させ、国民投票の賛成を得て皇帝に即位。1852年、**ナポレオン3世**として第二帝政を開始しました。彼はセーヌ県知事**ジョルジュ・オスマン**と共に、**パリ大改造**に着手。大通りを敷設して交通網を広げ、緑地を増やし、上下水道を整えました。また、シャルル・ガルニエの設計によるオペラ座❼も建設されます。1860年には、パリ郊外を囲んでいたティエールの城壁までパリが拡大され、現在の広さになりました。そんな中、1870年、スペイン王位継承を巡る対プロイセン王国（のちのドイツ帝国）との戦争〈**普仏戦争**〉が勃発し、ナポレオン３世自らが捕虜となる敗北を喫します。第二帝政は崩壊し、以降、フランスは共和制国家として再び歩み始めます。

ルートI ☞ Métro 1番線　Louvre–Rivoli駅からスタート

❶ 9：00　意識高いパリジェンヌに大人気のカフェ

自然療法士のオーストラリア人女性が展開するジュディは、ヴェジタリアンやヴィーガン、グルテンフリー、ラクトースフリーなどに対応したおいしい料理やスイーツを提供する人気店。支店のここでは、朝から、カウンターに並ぶパンや焼き菓子、冷蔵庫にあるジュース、サラダ、サンドイッチなどがいただけます。朝食にはシナモンロール (a) がおすすめです。

a

ジュディ・マーケット ルソー店
Judy Market Rousseau
住 14 rue Jean-Jacques-Rousseau 75001 Paris
電 01 42 33 63 83
時 8:00 ～ 17:30、土・日 9:00 ～ 17:30
Ⓘ @judy_paris
https://www.judy-paris.com/

ギャルリー・ヴェロ・ドダは、ヴェロとドダというふたりのシャルキュティエ（仏／豚肉業者、p.56）によって造られました。銅と鋳鉄の装飾品、壁画や鏡、白黒の大理石の床や街灯など細部も美しいパサージュです。本コースの後半では、このようなパサージュ（p.110）をご紹介します。

❷ 10：00　淡いピンクがエレガントなカルーゼル凱旋門

カルーゼル広場に立つこの凱旋門は、ナポレオン1世 (p.100) の勝利記念に建てられたものです。広場は、近世の時代、ルイ14世 (p.69) の長男誕生を祝し、大きなカルーゼル (仏／騎馬パレード) が催されたことから名づけられました。凱旋門の四方の壁面を飾る6つのレリーフには、アウステルリッツやウルムなど、ナポレオン1世の戦勝のシーンが描かれています。凱旋門上にある古代のブロンズ像の4頭の馬、クアドリガ (羅／4頭立て二輪戦車) は、ヴェネツィアのサン・マルコ寺院から戦利品として持ち運ばれたものでした。しかしナポレオン1世失脚によりサン・マルコ寺院に返還され、現在見られるものはレプリカとなっています。

カルーゼル凱旋門
Arc de Triomphe du Carrousel
住 Place du Carrousel 75001 Paris

③ 10：05　更地になった旧王宮、チュイルリー宮殿跡

1800年、ナポレオン1世はヴェルサイユ宮殿（p.146）ではなく、ヴェルサイユの前に王宮だったチュイルリー宮殿に居を構えます。ジョゼフィーヌ（p.100）と暮らしますが、世継ぎを授からず離婚。マリー＝アントワネット（p.69）と同じハプスブルク家のマリー＝ルイーズ・ドートリッシュと再婚し、待望の息子はここで誕生します。ナポレオン3世（p.101）もまた、ここでウジェニーと結婚式を挙げ、居住。ナポレオン4世となる息子も生まれました。しかし、1871年に起こったパリ・コミューン（p.120）の火災後、残っていた外観をとり壊すこととなり、一部はジョルジュ・カン小公園（p.73）に移され、ここは跡形もない更地となっています。

‖革命‖　ルイ16世（p.86、p.87）一家が、ヴェルサイユ宮殿から連行されてタンプル塔へ幽閉されるまで、束の間の家族団らんのときを過ごしました。

カルーゼル凱旋門（p.102）とチュイルリー庭園（p.144）にはさまれた広いスペースが宮殿跡。

今はなきチュイルリー宮殿が16世紀にカトリーヌ・ド・メディシス（p.50）の命で建築されてから、パリ・コミューンで焼失するまでの歴史が綴られている。

チュイルリー宮殿跡
Palais des Tuileries
住 Avenue du Général-Lemonnier 75001 Paris

④ 10：10　東西にのびる基幹道路、リヴォリ通り

リヴォリ（イタリアの都市名）通りはナポレオン1世が造らせた、パリ右岸を東西に貫通する基幹道路です。通りの名は、ナポレオンがオーストリアに対して圧勝した「リヴォリの戦い」から。ナポレオン1世は、造らせた通りや広場、橋などに戦勝地の名前をつけ、のちのナポレオン3世もそれに倣います。また、リヴォリ通り206番地には、ナポレオン1世のロシア遠征を背景に描かれた歴史小説『戦争と平和』を執筆した、ロシア人作家レオン・トルストイ（仏／レフ・トルストイ）が滞在していました。

コンコルド広場（p.94）からマレ地区周辺までのびる約3kmの通り。パリ市の脱クルマ政策により、車道は一車線のみになっている。

リヴォリ通り
Rue de Rivoli
住 Rue de Rivoli 75001, 75004 Paris

⑤ 10：25　ナポレオン1世の円柱塔が立つヴァンドーム広場

広場名はここに、アンリ4世（p.51）と公妾ガブリエル・デストレ（p.63）の息子ヴァンドーム公の館があったことに由来します。のちに国に買いとられたこの土地は、ルイ14世（p.69）の首席建築家ジュール・アルドゥアン＝マンサール（p.79）が、王を讃えるための広場にしますが、革命期に破壊されてしまいます。その後も紆余曲折があり、1810年、ナポレオン1世（p.100）のアウステルリッツの戦いの戦勝を記念し、現在の塔が建てられました。ロシア軍とオーストリア軍から奪った大砲を溶かして造ったといわれ、頂上にそびえ立つのは、古代ローマ帝国の復活を思い描いていたナポレオン1世が、ローマ皇帝に扮した姿です。

a

b

a：広場を囲むように5つ星ホテルのリッツや高級ジュエリーブランドの店舗などが並ぶ。b：広場に面した建物の入口上部には、顔の異なるマスカロン（p.60）が。

ヴァンドーム広場
Place Vendôme
住 Place Vendôme 75001 Paris

6

⑥ 10：40　ナポレオンの婚儀がとり行われたモンドラゴン館

モンドラゴン伯爵所有の館は、旧パリ2区（1860年以前の行政区）の区役所となり、現在は都市銀行が入っています。パリの区役所だった頃に、ナポレオン・ボナパルトとジョゼフィーヌ（共にp.100）はここで結婚しました。ナポレオンは生まれる直前までイタリアのジェノヴァ領だったコルシカ島生まれ。ジョゼフィーヌはフランスがイギリスと統治権を争っていた、カリブ海のマルティニーク島生まれ。共にパリから遠く離れた、しかも時代が少し違えばフランスではない国で生まれたふたりがここで結婚をし、やがてフランスの皇帝と皇后になった、門出の地です。

ナポレオンが6歳年下なのだが、ここで交わされた結婚証明書には、両者28歳と記入したという。

a

b

a：左の銘板には、ここが2区の区役所で、1796年3月9日、ナポレオンとジョゼフィーヌが結婚したと記されている。
b：右の銘板はナポレオンの結婚200年を記念したもの。

モンドラゴン館
Hôtel de Mondragon
住 3 rue d'Antin 75002 Paris

⑦ 10：50　音楽の殿堂、オペラ・ガルニエ

ここはオペラやバレエが上演される国立歌劇場です。1669年に設立された王立音楽アカデミーを起源とし、以降、名称の変更と移転を繰り返してきました。13番目となるこのオペラ座は、パリ大改造（p.101）の一環で、第二帝政を讃える記念碑的建造物として建てられたもの。設計者が公募され、若手建築家の**シャルル・ガルニエ**が選ばれました。1862年に礎石が置かれ、完成したのは1875年。見どころは第二帝政時代の華やかさを物語るグラン・エスカリエ（仏／大階段）やグラン・フォワイエ（仏／大ロビー、b）。そして、20世紀の画家マルク・シャガールによる観客席の色鮮やかな天井画です。

a：ファサードにはナポレオン3世（p.101）のNと皇后ウジェニーのE、ベートーベンなどの作曲家の像が並ぶ。c：西側のスロープ近くにある設計者シャルル・ガルニエの胸像。

オペラ・ガルニエ R
Opéra Palais Garnier
住 Place de l'Opéra 75009 Paris
（入口は Rue Scribe と Rue Auber の角）
時 10:00 ～ 17:00
（窓口は11:00 ～ 16:00）
休 オフィシャルサイトにて随時確認
料 15€（12歳未満無料）
@ operadeparis
https://www.operadeparis.fr/visites/palais-garnier

⑧ 11：50　リュクスなストリート、ラ・ペ通り

ナポレオン1世により整備され、1806年に「ナポレオン通り」として開通。しかし彼の失脚に伴い、ロシア遠征で敗戦したナポレオン1世のエルバ島追放などをとり決めた、フランス帝国と欧州各国との和平条約〈パリ条約〉が1814年に締結されます。これを機に、同年、平和を願う意味を込めてラ・ペ（仏／平和）通りと改名されました。

ヴァンドーム広場（p.104）とオペラ広場を結ぶラ・ペ通り。この通りを造らせたナポレオン1世が望んだとおりの高級感あふれる通りになっている。

ラ・ペ通り
Rue de la Paix
住 Rue de la Paix 75002 Paris

⑨ 12：00　アール・デコ調の装飾がシックなレストラン

1920年代、社交場の舞台となったブラッスリー（p.130）のエスプリを感じながら、同時代に流行したアール・デコ（p.128）調のインテリアでいただくモダンフレンチ。季節ごとに変わるメニューは、前菜には温製と冷製、メインには肉と魚、サラダプレートがあり、「つき出し＋本日のメイン＋グラスワインまたはミネラルウォーター」というお手頃なセットも。

レ・ジャル
Les Jalles

住 14 rue des Capucines 75002 Paris
電 01 42 61 66 71
時 9:00 ～ 23:30、土18:45 ～ 23:30
ランチ10:00 ～ 14:20
休 土曜のランチ、日
@ lesjallesparis
https://www.restaurantlesjalles.fr/
＊オンライン予約可

⑩ 13：15　古代の神殿風の教会、マドレーヌ寺院

18世紀、現在のコンコルド広場（p.94）を造ったルイ15世（p.69）は、ロワイヤル通りでつながるこの場所に、マグダラのマリアに捧げる教会の建築に着手します。しかし、革命で工事は中断。ナポレオン1世（p.100）が引き継ぎ、教会からフランス兵を讃える神殿に変更されます。ナポレオン1世が好んだ新古典主義様式の列柱が建てられたものの、これも彼の失脚で中止に。復古王政で即位したルイ18世（p.100）が、当初の教会の計画に戻し、ルイ＝フィリップ（p.101）の治世に完成しました。このような政局変化が影響し、長い歳月をかけて建てられたマドレーヌ寺院は、教会でありながら古代の神殿風という珍しい佇まいとなったのです。

主祭壇には天使に囲まれたマグダラのマリア像が祭られ（a）、天井画にはナポレオン1世をはじめとする歴代の聖人や王たちが描かれています。マグダラのマリアは、イエスの埋葬と復活を見届けた女性として新約聖書に登場する聖女。フランス語でマグダラのマリアのことをマリー＝マドレーヌというため、この教会の正式名称は、聖女マリー＝マドレーヌ寺院です。右側の側廊には、分骨された彼女の大腿骨といい伝えられる聖遺物（b）が祭られています。

a

a：マグダラのマリア像が立つ主祭壇とドーム状の天井画。像と天井画の境目に描かれたキリストの左側と、天井画のキリストの下にもマグダラのマリアが描かれている。

b

マグダラのマリアの大腿骨が安置された祭室には、アトリビュートである薬壺を持った彼女のイコン（聖画像）が飾られている。

マドレーヌ寺院
Église de la Madeleine
住 Place de la Madeleine 75008 Paris
時 9:30 ～ 19:00
https://lamadeleineparis.fr/

⓫ 13：50　堂々たる列柱が並ぶ、国会議事堂［ブルボン宮］

ここは国民議会、下院（日本の衆議院に相当）の議事堂です。対して、上院（元老院、日本の参議院に相当）の議事堂は、リュクサンブール宮殿（p.58）にあります。下院議事堂が入っているこのブルボン宮殿は、ルイ14世（p.69）と公妾モンテスパン夫人の娘、ブルボン公爵夫人が建てさせました。ルイ15世が、ルイ15世広場（現コンコルド広場）建築のために買いとるも、革命期に押収されます。その後、ナポレオン1世がマドレーヌ寺院（p.106）と対称になるように列柱部を増築。これにより、コンコルド広場とセーヌ河をはさんで新古典主義の建築が向かい合う、調和のとれた景観が生まれました。

a

b

c

バスティーユ牢獄の石材で造られたというコンコルド橋を渡り、正面に見えるのが国会議事堂（a）。国会議事堂の前に立つ像の中で特に有名なのが、ルネサンス期にアンリ4世の右腕として仕えた宰相シュリー（b、p.54）と、ルイ14世の絶対王政を支えた有能な財務総監**コルベール**（c）。

国会議事堂［ブルボン宮］
Assemblée Nationale ［Palais Bourbon］
住 33 quai d'Orsay 75007 Paris

⑫ 14：10　軍事の今と昔がある、オテル・デ・ザンヴァリッド

退役軍人や負傷兵士の専用施設が必要だと説いていたアンリ４世（p.51）の意思を引き継ぎ、当時、ヨーロッパ最大の軍を従えていたルイ14世（p.69）が創設したのが、アンヴァリッド（仏／廃兵）の収容兼看護施設です。現在も様々な軍事施設が入っており、傷病兵も暮らす国軍施設として機能しています。セーヌ河側の錬鉄《れんてつ》の門から入り、ルイ14世が彫られた王の門（a）を抜けると、目前に広がるのは正方形のクール・ドヌール（仏／正面広場、b）。正面から見下ろす軍服のナポレオン（p.100）像（c）は、もともとヴァンドーム広場（p.104）の塔の上に置かれていたものでした。このナポレオン像の下からアクセスできるサン・ルイ・デ・ザンヴァリッド大聖堂は、サン・ルイ（p.29）に捧げられた、兵士たちのための教会です。クール・ドヌールを囲む建物内にある軍事博物館、**ドーム教会**（d）、その地下にある墓所は有料のエリアとなり、すべて軍事博物館のチケットで入場できます。軍事博物館には、フランソワ１世やアンリ２世（共にp.50）が身につけたという美しい装飾の鎧や、画家ドミニク・アングルによる戴冠式の衣装をまとったナポレオン１世の肖像画「玉座のナポレオン１世」が。ドーム教会には、フランスに貢献した軍人の棺が安置され、地下墓所の中央にはナポレオン１世の棺（e）、そのまわりには息子ナポレオン２世やナポレオンの兄弟の棺が置かれています。ナポレオン１世はセント・ヘレナ島で亡くなり、その地に埋葬されていましたが、ルイ＝フィリップ（p.101）の命令によって掘り起こされパリへ。エトワール凱旋門（p.110）の下をくぐり、ここに運ばれました。彼の遺言「余の遺骸はセーヌの岸辺、余が愛したフランス国民の間に安置されるように」が尊重され、この地が選ばれたそうです。

‖革命‖　1789年７月14日の朝、バスティーユ襲撃（p.86）の前に、民衆たちはまずここの武器庫に押し寄せ、約３万丁の銃と約25門の大砲を手に入れ、バスティーユへ向かいました。

セーヌ河側から見たオテル・デ・ザンヴァリッド。

オテル・デ・ザンヴァリッド
Hôtel des Invalides
㊟ 129 rue de Grenelle 75007 Paris

b

c

d

e

b：四面を建物で囲まれたクール・ドヌール。正面の建物の右奥を進むと軍事博物館のチケット売り場がある。d：金色に輝くドーム教会には、ナポレオン一族や歴史に名を残した軍人が眠っている。e：ここの地下墓所に安置されている立派なナポレオン1世の棺。

軍事博物館
Musée de l'Armée

時 10:00 ～ 18:00（窓口は 17:30 まで）、
毎月第1金曜 18:00 ～ 22:00（窓口は 21:00 まで）
休 1/1、5/1、12/25
料 15€（18 歳未満無料）
I @museearmee_invalides
https://www.musee-armee.fr/
＊同じチケットで、ドーム教会、ナポレオン1世の棺がある地下墓所なども入場できる。

6

⑬ 15：50　リヨン周辺の郷土菓子がいただけるパン屋さん

前身が美食の街リヨンに拠点を持つパン屋さんだったこともあり、リヨン周辺の郷土菓子ピンク色のプラリーヌ（アーモンド菓子）を使ったタルトやサブレ、ブリオッシュ、レモンクリーム入りのショソン（デニッシュ）などが揃う貴重なお店。ヴィエノワズリーやスイーツ類はでき上がり次第、8時頃から一日中いただけます。

ラ・ブーランジュリー・デ・ザンヴァリッド
La Boulangerie des Invalides

住 14 avenue de Villars 75007 Paris
T 01 45 51 33 33
時 7:00 ～ 20:00
休 日

ルート 2　Métro 13番線

【乗車】Saint-François-Xavier駅
Asnières−Gennevilliers−Les Courtilles または Saint-Denis−Université行き
【乗換】1番線 Champs-Élysées−Clemenceau駅 La Défense 行き
【下車】Charles de Gaulle−Étoile駅 1番出口

⑭ 17：10　ナポレオン1世に捧げられたエトワール凱旋門

シャンゼリゼ大通り（p.146）からエトワール凱旋門行きの地下通路を進み、再び階段をのぼると、凱旋門の足元に出ます。この凱旋門は、ナポレオン1世（p.100）のアウステルリッツの勝利を記念して建設されました。ナポレオンは戦場で兵士たちに「私は諸君をフランスへ帰還させる。アウステルリッツの戦いに参加したというだけで、人々は諸君を勇士と讃えるだろう」と演説し、凱旋門の建築を命じたといいます。しかし、ナポレオン1世はその完成を見ることなく亡くなったのでした。シャンゼリゼ大通りから向かって左のレリーフ「1810年の勝利」には、勝利の女神から月桂冠を授かるナポレオン1世が、右のレリーフ「1792年の義勇兵の出陣（通称ラ・マルセイエーズ）」には、勇ましい自由の女神と革命時の義勇兵たちが彫られています。

凱旋門が造られた頃は、放射状にのびる12本の大通りからエトワール（仏／星）広場と呼ばれていた。

エトワール凱旋門
Arc de Triomphe de l'Étoile
住 Place Charles-de-Gaulle 75008 Paris
時 4/1～9/30　10:00～23:00
10/1～3/31　10:00～22:30（入館は45分前まで）
休 1/1、5/1、5/8（午前）、7/14（午前）、11/11（午前）、12/25（公的な儀式、悪天候によって臨時閉館あり）
料 16€（18歳未満無料）
Ⓘ @arcdetriomphe_paris
https://www.paris-arc-de-triomphe.fr/
＊本コースは外観のみ見学。

ルート3　☞ Métro 1番線

【乗車】Charles de Gaulle–Étoile駅
Château de Vincennes行き
【乗換】8番線 Concorde駅 Créteil–Pointe du Lac行き
【下車】Richelieu–Drouot駅 2番出口

ナポレオン1世の死後、ナポレオン3世（p.101）が政権を握るまでの約30年間、パサージュと呼ばれる、建物の間の細い道をガラス張りの天井で覆った歩行者専用のアーケードが数多く造られました。パサージュの原型は、パレ・ロワイヤル（p.80）のギャルリー（仏／回廊）で、このギャルリーが名称として残っているパサージュもあります。馬車で混雑する通りから逃れ、風雨をしのぐことができ、ウインドウショッピングも楽しめるパサージュは人気を博し、多いときは240もの数があったといいます。パリ大改造（p.101）により、交通網が整備されたことや、豪華な百貨店（p.149）ができたことなどから、パサージュは急速に姿を消していき、現在、当時の面影を残しているのは20足らず。宗教、王や皇帝による建築物がほとんどだったパリの建築史において、初めてブルジョワ（p.101）が築いたパリの姿を留めているのがパサージュです。

⑮ 18：00　子供のパラダイス、パサージュ・デ・プランス

19世紀に造られた中で一番新しいパサージュです。銀行家で実業家だったジュール・ミレスによって、この地にあったホテル、グラン・オテル・デ・プランス・エ・ド・ローロップが買いとられ、1860年にパサージュが開設されました。当初は、パサージュ・ミレスと呼ばれていましたが、オープン1カ月後に銀行が破綻。代わりにホテル名の一部を継承し、パサージュ・デ・プランスとなりました。2002年からは、専門玩具に分かれた10店舗ほどのブティックが入るおもちゃ屋さん通りとなるも、現在は閉鎖され、柵越しにパサージュの面影を見ることができます。

パサージュ・デ・プランス
Passage des Princes
住 97 rue de Richelieu 75002 Paris
時 8:00 ～ 20:00
休 日
https://passagesetgaleries.fr/passage-des-princes/
＊2024年現在閉鎖中。

⑯ 18：10　ウインドウを眺めながら、パサージュ・ジュフロワ

この辺りの地主だったフェリックス・ド・ジュフロワ・ゴンサンが発足させたパサージュ・ジュフロワ協会により、1847年、鉄とガラスのみで造られた初のパサージュとして開設されました。天井からの外光だけではなく、初の床暖房が敷設され大人気に。当時より2本のアーケードからなり、中程に小階段があります。

パサージュ・ジュフロワ
Passage Jouffroy
住 10-12 boulevard Montmartre 75009 Paris 他
時 7:00 ～ 21:30
https://passagesetgaleries.fr/passage-jouffroy/

⑰ 18：20　収集家を魅了する、パサージュ・ヴェルド

パサージュ・ジュフロワ（p.111）の延長上にあるこのパサージュは、先のジュフロワ協会によって1846年に開設されました。パサージュ名は、この協会の会員で、宿泊施設向けのリネンレンタルシステムの発明者、ジャン＝バティスト・オシアン・ヴェルドに由来します。ヘリンボーン柄に組まれたガラスの高い天井と、新古典主義の洗練されたデザインにより、コンパクトながら開放感あふれるパザージュです。近くに、世界最大のオークションハウス、ドルーオがあるため、収集家を魅了する古書、中古カメラ、アンティーク家具の専門店などが多く並んでいます。

パサージュ・ヴェルド
Passage Verdeau
住 6 rue de la Grange-Batelière
75003 Paris 他
時 7:30 ～ 21:00、土・日 7:30 ～ 20:30
https://passagesetgaleries.fr/passage-verdeau/

6

⑱ 18：30　初のガス灯がついたパサージュ・デ・パノラマ

1799年に開設されたパリ最古のパサージュのひとつです。もともとここには、ふたつの塔からなる商業展示会場があり、パリ、ローマ、エルサレムなどのパノラマ画が展示されていたため、その名残でパノラマと命名されました。このパサージュはアラブ諸国の市場、スークの様子を描いた版画から着想を得て設計され、異国の市場を彷彿とさせる入り組んだ路地が特徴です。せまい通りはレストランやカフェで占められ、飲食店に交じって古い絵葉書、切手、コインを売るお店も散見されます。開設当時からこの辺りには劇場が多く大層にぎわい、1816年、最初にガス灯がついたのもこのパサージュでした。

パサージュの中程にある、見事な木彫りのレストラン。

パサージュ・デ・パノラマ
Passage des Panoramas
住 11 boulevard Montmartre
75002 Paris 他
時 6:00 ～ 24:00
https://passagesetgaleries.fr/passage-des-panoramas/

⑲ 18：40　新古典主義の宮殿が証券取引所に［ブロンニャール宮］

ここはナポレオン1世（p.100）が、建築家**アレクサンドル＝テオドール・ブロンニャール**に造らせた旧証券取引所です。ブロンニャールはナポレオン1世の委任を受け、ペール・ラシェーズ墓地（p.149）を設計。それをナポレオン1世が大変気に入り、次に任せたのがこの証券取引所でした。近くにはナポレオン1世が設立したフランス銀行もあり、当時、この辺りは金融の中心地でした。現在この建物は、ヨーロッパ諸都市とアメリカとの共同証券取引所のパリ本部の他、会議場やイベント会場としても使われています。マドレーヌ寺院（p.106）やブルボン宮殿（p.107）と同様に、列柱に囲まれた新古典主義様式の宮殿は、ナポレオン1世の威光を今に伝える壮麗な佇まいです。

旧証券取引所［ブロンニャール宮］
Bourse ［Palais Brongniart］
住 Place de la Bourse 75002 Paris
https://www.palaisbrongniart.com/fr

⑳ 18：50　銅色をした噴水が美しい、ルヴォワ小公園

ここにはルイ14世（p.69）お抱えの政治家、ルヴォワ侯爵の館がありましたが、革命期にとり壊され、劇場に建て替えられます。大成功したこの劇場をのちに国が買いとり、12番目の国立歌劇場（現オペラ座は13番目）としました。しかし、1800年、ここに向かう途中のナポレオン・ボナパルトが暗殺未遂に遭遇。第一次復古王政の時代には、シャルル10世（p.101）の次男がボナパルト派に暗殺されるという不運が続き、国立歌劇場はやむなく閉鎖、とり壊しに。現在は、中央にフランスの4つの河川、セーヌ河、ロワール河、ソーヌ河、ガロンヌ河の擬人像が立つ美しい噴水があり、その下には、12星座のモチーフ（a）があしらわれています。

a

ルヴォワ小公園
Square Louvois
住 69 bis rue de Richelieu 75002 Paris
時 8:15 ～、土・日 9:00 ～
閉園は17:00 ～ 20:30
（季節により変更）
https://www.paris.fr/lieux/square-louvois-2416

㉑ 19：00　アジアンタウンにあるパサージュ・ショワズール

1825年から1827年にかけて、銀行主導の都市開発として建設されたこのパサージュは、ショワズール通りの延長として、通りの南側に造られました。メインとなる通路は190m、パリ最長のパサージュのひとつです。庶民的で素朴な、ひと時代前の商店街という雰囲気でしたが、日本や韓国のレストランや食材店が密集するサン・タンヌ通りが近いため、アジア系のレストランやブティックが進出。新しいお店が増え、さらに改装工事により、少しずつその姿を変えつつあります。

パサージュ・ショワズール
Passage Choiseul
住 23 rue Saint-Augustin 75002 Paris 他
時 8:00 〜 20:00
休 日
https://passagesetgaleries.fr/passage-choiseul/

㉒ 19：15　パサージュの最高峰！ ギャルリー・ヴィヴィエンヌ

「パリで一番美しいギャルリーを」と望んだ公証人会議所の会頭ルイ＝オーギュスト・マルシューにより、ギャルリー・マルシューの名で建設が始まり、1826年にギャルリー・ヴィヴィエンヌと改名され、開通しました。当時、発掘され流行となっていたポンペイ風の柱やフレスコ画など、古代建築の要素をとり入れた新古典主義で統一されています。随所にあしらわれた翼のついた杖に2匹の蛇が絡んだモチーフ (c) は、商業の神**メルクリウス**のシンボル。壁面には、富や繁栄を表す、果物や食べ物があふれ出る角のモチーフ「豊穣の角」や小麦の束、勝利や成功を表す月桂樹の王冠やシュロの葉といった様々なシンボルがほどこされ、華やかさを添えています。足元の床には、イタリア人ながらフランスで活躍したモザイク職人、ジアンドメニコ・ファッチーナの精巧なモザイク装飾 (a、d、e) が一面に敷き詰められています。彼はオペラ・ガルニエ (p.105) やプティ・パレ (p.123) の装飾も手がけました。円形の空間や段差、細い横道にまで装飾が施され、19世紀の華やかな雰囲気を今に伝える優美なパサージュです。

a

b

b：パサージュ名の由来となっているヴィヴィエンヌ通りに面した出入口。コースではこちらから入り、プティ・シャン通り４番地の出入口から出る。

c

d

e

ギャルリー・ヴィヴィエンヌ
Galerie Vivienne
住 6 rue Vivienne 75002 Paris 他
時 8:30 ～ 20:00
https://www.galerie-vivienne.com/

㉓ 19：30　万人が思い描くイメージ通りのビストロ

ヴィクトワール広場 (p.79) 近くにある人気のビストロ。予約をとらないため、ランチやディナーどきには長い行列ができていることもありますが、他のレストランよりも回転が早く、待っていれば入れる可能性が大きいです。おすすめは、火をつけたタイムで香りをつけた牛のリブロースステーキ (a) に、プリンのようなやさしい味わいのクレーム・ブリュレ (b)。

a

ビストロ・ヴィクトワール
Bistrot Victoires
住 6 rue de la Vrillère
75001 Paris
電 01 42 61 43 78
時 12:00 ～ 23:00
食事12:00 ～ 23:00

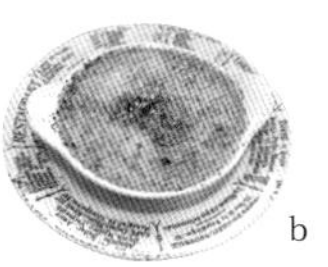

b

パリの歴史物語II

Petites Histoires de Paris II

✦ 王侯貴族の食とレストラン ✦

アンリ4世（p.51）が良王と国民に慕われた理由のひとつに、彼が広めたといわれる料理にまつわるエピソードがあります。フランス人の大半は農民で、彼らの食生活は決して豊かではありませんでした。さらに宗教戦争（p.51）のあおりを受け、飢饉も起こっていたとか。ときの国王アンリ4世はいいます。「貧しい農民でも週に一度、日曜の食卓には**プル・オ・ポ**がのぼるような政治がしたい」と。プル・オ・ポは鶏肉を使ったポトフのようなもので、アンリ4世が生まれたフランス南西部周辺の郷土料理です。彼が活躍したルネサンス時代を巡るコースの最後には、プル・オ・ポがいただけるレストラン「ラ・プル・オ・ポ」（p.65）を訪れます。

そんな食いしん坊でも知られたアンリ4世がサギのパテを目当てに通っていたレストランが、古代のコースで訪れるトゥルネル橋（p.21）の向かい角にあるラ・トゥール・ダルジャン（仏／銀の塔、p.145）です。カトリーヌ・ド・メディシス（p.50）の息子アンリ3世（p.51）の統治下、1582年にルネサンス様式のオーベルジュ（仏／宿泊施設兼レストラン）Hostellerie de La Tour d'Argent（オステルリー・ド・ラ・トゥール・ダルジャン）として誕生。そのアンリ3世が偶然、狩りの帰りにここで食事します。そのときフィレンツェの貴族が、隣のテーブルに座り、フランス人が見たこともないフォークを使って食事をしていたとか。ここがフランスで初めてフォークが使われた場所といわれるようになったのも、こんなエピソードからでしょう。

アンリ3世以降、ラ・トゥール・ダルジャンは歴代王侯貴族の御用達店になります。ルイ13世の宰相リシュリュー（共にp.68）は牛一頭を30種類の調理法で食べさせるようにオーダーしたとか、ルイ14世（p.69）はヴェルサイユ宮殿（p.146）から人々を引き連れて食べに来ていたとか、書簡作家セヴィニエ夫人（p.75）が毎日のようにここでチョコレートを飲んだなどなど……。ラ・トゥール・ダルジャンは食にまつわる歴史の宝庫なのです。

豊かな食文化の歴史を持つ
パリのおいしい物語をご紹介します。

✦ 宮廷から街へと広まる美食 ✦

16～18世紀にかけてフランス王室に嫁いだお姫様たちは、イタリア、スペイン、オーストリアと出身も様々ですが、故郷の菓子職人らを連れてお輿入れをしたといいます。宮廷はまさにスイーツパラダイスだったに違いありません。しかし、フランス革命（p.86、p.87）が起き、王侯貴族の地位が奪われると、彼らのために存在していたスイーツが、同じく職を失った菓子職人がパリにお店を開くことで、庶民の手にも届くようになりました。

パンのおいしさが認められ太陽王ルイ14世に招かれたシャルル・ダロワイヨ。以後、ダロワイヨ家はヴェルサイユ宮殿で名誉ある食膳係に任命されました。革命でその地位を追われると、1802年、フォブール・サン・トノレ通り101番地にパリ初の「美食の館ダロワイヨ」を創業。世紀末のコースで朝食をいただくダロワイヨ（p.122）は、絶頂期にあった王室の美食のエスプリを今に伝える最古のメゾンといえるでしょう。

ルイ15世（p.69）とその妃マリー・レグザンスカ（p.74）に仕えていた菓子職人ニコラ・ストレールは革命前の1730年、モントルグイユ通り51番地に自らのお店を出します。こちらはパリ最古のお菓子屋として知られ、ストレール（p.147）が考案したとされるババ（洋酒シロップを含ませた発酵菓子）をはじめ、古典菓子の宝庫です。

ルイ16世（p.69）の薬剤師として仕え、薬が苦くて飲めないマリー＝アントワネット（p.69）のために、薬をチョコレートに混ぜて飲むことを考案したシュルピス・ドゥボーヴ。1800年に創業し、復古王政後も、ルイ18世（p.100）、シャルル10世、ルイ＝フィリップ（共にp.101）から愛され御用達店として名をはせます。ナポレオン1世（p.100）もここの大ファンだったとか。1819年、サン・ペール通り30番地に店舗を移し、1823年、甥のジャン＝バティスト・ガレの協力によりドゥボーヴ・エ・ガレ（p.149）が誕生。今もなお王侯貴族ゆかりのチョコレートがいただける貴重なメゾンです。

7日目・世紀末のパリ

Septième Jour · Époque Expositions Universelles

{1870 ～ 1945 年}

パリ万博と共に建てられたエレメントを巡る

シャンゼリゼ大通り周辺の、パリ万国博覧会やパリ国際博覧会にパヴィリオンとして建てられた宮殿を巡り、セーヌ河を渡って左岸へ。エッフェル塔やアール・ヌーヴォーの作品を鑑賞します。バトー・ムーシュに乗ってセーヌ河を遊覧し、南のモンパルナス界隈へ。点在するエッフェル塔の絶景スポットも合わせて堪能しましょう。

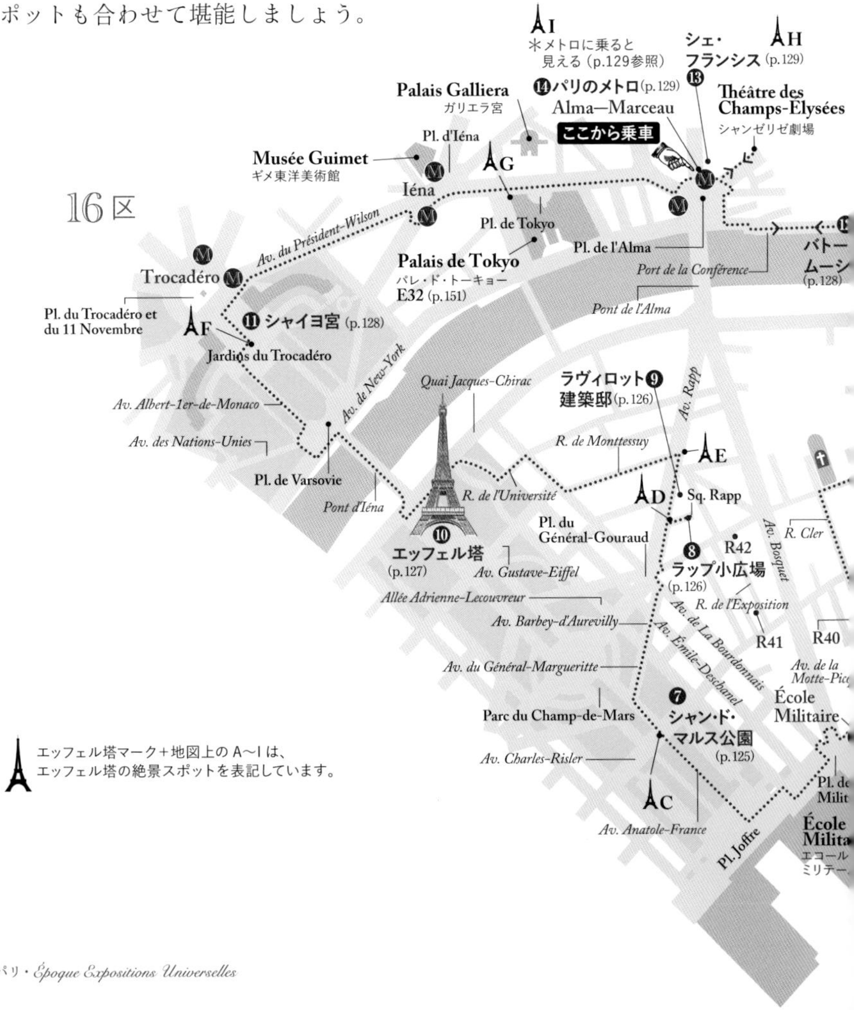

7

ルート I

Saint-Philippe-du-Roule 駅からスタート
赤い点線……に沿って
❶→⓮の順に歩く
Alma―Marceau 駅から乗車

R38〜R46 は本コースで紹介している
飲食店の代わりのお店です。
詳細は p.150、151 をご参照ください。

7

ルート 2

Edgar Quinet 駅下車
赤い点線……に沿って
⓯→⓱の順に歩く

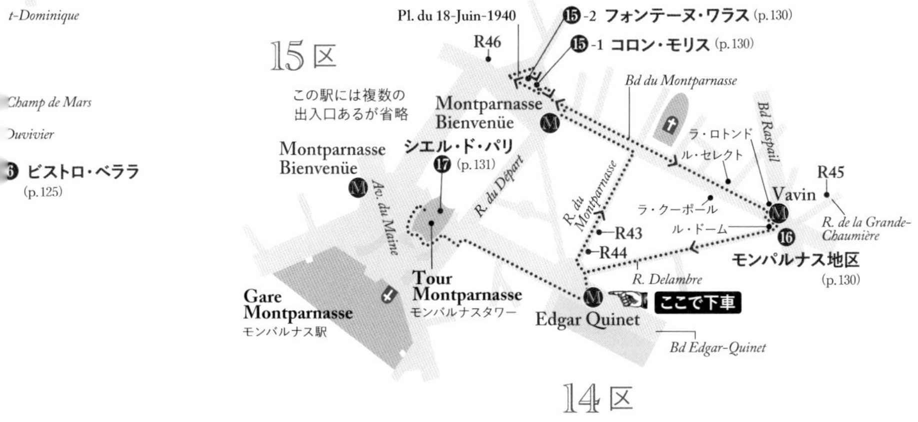

パリ万国博覧会と争いの惨禍

ルイ＝フィリップ（p.101）の統治下に進められた産業革命と、ナポレオン３世によるパリ大改造（共にp.101）によって、パリは、光あふれる近代都市に生まれ変わりました。そのパリを舞台に、1855年から1937年まで、万国博覧会5回と国際博覧会２回、通算７回の博覧会が開かれます。万博は回を追うごとに規模が大きくなり、参加国や来客数も増加。世界中から豊かな才能が集まり、パリは芸術の都としての輝きを放ちました。

世界初の万国博覧会は1851年のロンドン万博。ナポレオン３世はこれを受け、自身の治世下で1855年と1867年にパリ万博を開催します。1867年の万博には日本も初参加しました。また、この万博では会場までの交通手段として初めて蒸気船が利用され、バトー・ムーシュ⓬の原型となります。パリの街路には、ブルジョワ（p.101）たちによって、コロン・モリス（仏／モリス氏の柱＝広告塔）⓯やフォンテーヌ・ワラス（仏／ワラス氏の泉＝給水泉）⓯が設置され、都市の公共設備が普及しました。

1871年、普仏戦争（p.101）に敗北し、パリはプロイセン軍に包囲され陥落。国防政府はボルドーへ撤退します。その間、パリ市民は自らの行政組織を結成し、市庁舎前（p.39）で世界初の社会主義政権となる**パリ・コミューン**を宣言。プロイセン軍が去ったあと、ボルドーからヴェルサイユに戻ってきた政府軍に対してバリケードを築き、激しい市街戦を繰り広げました〈血の一週間〉。市庁舎やチュイルリー宮殿（p.103）など各所で火災が多発。多くの犠牲者を出したあと、国防政府はパリ・コミューンを２ヵ月で鎮圧し、第三共和制の継続を宣言します。この第三共和制は第二次世界大戦中まで続きました。

普仏戦争とパリ・コミューンの混乱が収まると、1874年には、クロード・モネやオーギュスト・ルノワールが参加した第一回**印象派**展が開かれ、1878年には、普仏戦争からの復興を祝って、３回目となる万博が開幕。広大な公園シャン・ド・マルス❼にはパヴィリオンが建ち並び、トロカデロ宮（現シャイヨ宮）⓫も建てられました。

ふたつの大戦と芸術の都の変遷

1889年には、4回目の万博が開かれます。革命100周年となる記念すべきこの万博に建てられたのが、エッフェル塔❿です。**1900年**にはパリ万博史上最大規模となる5回目が開かれ、アレクサンドル3世橋❺、グラン・パレ（仏／大宮殿）❷、プティ・パレ（仏／小宮殿）❸、オルセー駅（現オルセー美術館、p.136）ができ、メトロ（仏／地下鉄）⓮も開通します。同時にアール・ヌーヴォー（仏／新しい芸術、p.126）装飾がパリを流麗に彩りました。万博会場では、当時世界最大級の、グランド・ルー・ド・パリ（仏／パリの大観覧車）が人気を博します。この年パリは、1896年の第1回アテネ・オリンピックに次いで、第2回のオリンピック開催地にもなりました。

ちょうどこの頃、パリは**ベル・エポック**（仏／美しき時代）を迎えます。右岸北部のモンマルトルには、エドゥアール・マネ、エドガー・ドガ、オーギュスト・ルノワールら芸術家たちが集まり、印象派の本拠地に。丘の麓には、ムーラン・ルージュ（p.150）などのキャバレーが建ち並ぶ歓楽街ができ、丘の上には、普仏戦争とパリ・コミューンの犠牲者を慰霊するために、白亜の**サクレクール寺院**が建立されます。

1914年、ヨーロッパを二分した初の世界大戦が勃発。フランスも参戦し、ベル・エポックも終わりを告げました。ヨーロッパを主戦場とした第一次世界大戦は4年間続き、1919年にヴェルサイユ条約が締結され終戦を迎えます。抑圧された戦時体制から解放された人々は、反動のように人生を謳歌し、自由で享楽的な空気に包まれたアネ・フォル（仏／狂乱の時代）と呼ばれる時代が到来。アメリカのジャズやダンス、アール・デコ（仏／装飾芸術、p.128）デザインが大流行しました。左岸南部のモンパルナス⓰には、アメディオ・モディリアーニ、藤田嗣治、アーネスト・ヘミングウェイなど、多くの外国人芸術家たちが集まり、芸術談義や乱痴気騒ぎが繰り広げられます。しかしアネ・フォルも長くは続かず、世界恐慌と第二次世界大戦によって終わりを告げることとなるのです。

ルート I Métro 9番線　Saint-Philippe-du-Roule駅からスタート

❶ 9：30　1682年から続く美食の伝統を受け継ぐ老舗

ルイ14世 (p.69) に仕えたダロワイヨ家が、1802年にこの場所に「美食の館ダロワイヨ」を創業。以降、フランス食文化の歴史にその名を刻み続けてきました。「オペラ」というフランス伝統菓子も、ダロワイヨが考案したとか。そんな歴史的名店でいただく朝食は、ヴィエノワズリー、温かい飲み物、ジュース類などの中からアラカルトでチョイスしましょう。

ダロワイヨ フォブール・サン・トノレ店
Dalloyau Faubourg Saint-Honoré
住 101 rue du Faubourg-Saint-Honoré 75008 Paris
電 01 42 99 90 08
時 9:00 ～ 20:00、日 9:00 ～ 16:30／朝食 9:00 ～
Ⓘ @dalloyauparis
https://www.dalloyau.fr

フォブール・サン・トノレ通り55番地には**エリゼ宮**が。エリゼ宮は第三共和制成立後、1874年から大統領官邸となり、現在に至ります。もともとは、ルイ15世がポンパドゥール夫人（共にp.69）に贈るために購入した貴族の館で、革命後はナポレオン1世（p.100）の所有となり、ナポレオンの妹や皇后ジョゼフィーヌ（p.100）が暮らしました。

❷ 10：30　端麗な佇まいの旧万博パヴィリオン、グラン・パレ

グラン・パレは1900年の万博 (p.121) のパヴィリオンとして建設されました。国立グラン・パレ美術館と、ル・ネフ (仏／身廊) と呼ばれる鉄骨とガラスで覆われた展示会場に分かれ、どちらも大掛かりな企画展や見本市、イベントに利用されています。華やかな外観の装飾の中でも目を引くのは、頂上にあるクアドリガ (羅／4頭立て二輪戦車) のブロンズ像。シャンゼリゼ大通り側にあるのが「時を超える不死 (a)」を、セーヌ河側にあるのが「不協和音に勝利するハーモニー (b)」を表しています。

現在工事中のグラン・パレは、2024年から2025年にかけて逐次オープン予定。

グラン・パレの華やかな外観を堪能しつつ、1937年の国際博覧会でグラン・パレの裏手に造られたパレ・ド・ラ・デクヴェール（仏／発見の宮殿）の前を通過し、その横にある**ヌーヴェル・フランス庭園**（c）へ。この庭園は、1900年の万博の際、スイスのパヴィリオンがあったため「スイスの谷庭園」と呼ばれていました。庭園内を通過し、再びグラン・パレの正面へ出ます。

a

b

c

グラン・パレ
Grand Palais
住 3 avenue du Général-Eisenhower 75008 Paris
@le_grand_palais
https://www.grandpalais.fr/
＊本コースは外観のみ見学。

3 10：45　パリ市立美術館として公開されたプティ・パレ

プティ・パレはグラン・パレ（p.122）やアレクサンドル３世橋（p.124）と共に、1900年の万国博覧会のときに建設されました。美術作品展示会場として建築されたため、建物自体も芸術作品のように美しい装飾がほどこされています。万博後は、パリ市が所有する豊富な美術コレクションを収蔵するための美術館に。無料で鑑賞できる常設展のコレクションは、古代ギリシャ・ローマの装飾品から、中世の宗教絵画、王政時代の家具や美術工芸品、アール・ヌーヴォー（p.126）の家具、印象派（p.120）の絵画など幅広く、今まで見てきたパリの歴史を、美術品を通してふり返ることができます。

a

b

プティ・パレ［パリ市立美術館］
Petit Palais [Musée des Beaux-Arts de la Ville de Paris]
住 Avenue Winston-Churchill 75008 Paris
時 10:00 ～ 18:00、金・土10:00 ～ 20:00（入館は45分前まで）
休 月、1/1、5/1、7/14、11/11、12/25
料 常設展無料、企画展有料
@ petitpalais_musee
https://www.petitpalais.paris.fr/

a：プティ・パレは万博の２年後から美術館として使われるようになった。アール・ヌーヴォーのステンドグラスやモザイク装飾、美しい錬鉄《れんてつ》のらせん階段など、エレガントな室内装飾も見どころ。b：中庭を囲む回廊にはカフェが併設されている。

❹ 11：55　並木道が美しいクール・ラ・レーヌ

この道は東はコンコルド広場から、西はヌーヴェル・フランス庭園（p.123）の前にあるカナダ広場まで続く。

クール・ラ・レーヌ（仏／王妃の道）と呼ばれるこの並木道は、王妃マリー・ド・メディシス（p.51）が、チュイルリー庭園（p.144）の散歩道をのばすために王宮の西側に広げた、シャンゼリゼ庭園の一部でした。シャンゼリゼ（仏／エリゼの野）は、ギリシャ神話に登場する、世界の西の果てにあると信じられていた「死後の楽園」。現大統領官邸エリゼ宮（p.122）の名もここからきています。万博では、コンコルド広場（p.94）と会場をつなぐメインゲートとして度々利用され、通り沿いにはパヴィリオンが並びました。

クール・ラ・レーヌ
Cours la Reine
住 Cours la Reine 75008 Paris

❺ 12：00　ロシアから寄贈された絢爛豪華な橋

フランスとロシア皇帝アレクサンドル3世との間で結ばれた露仏同盟の記念として、その息子ニコライ2世によりパリ市に寄贈された橋です。1900年の万博（p.121）に合わせて落成され、アール・ヌーヴォーの街灯（d）や妖精の彫刻で豊かに装飾されたその姿は、今でも、パリで最も美しい橋と讃えられています。4本の柱塔上に輝く金のペガサスは、それぞれ右岸が芸術（b）と農業、左岸は闘争と戦争を象徴。各柱塔にほどこされた女神像は異なる時代のフランスの擬人像で、右岸が中世と近代、左岸がルイ14世（p.69）の時代とルネサンス（c、p.50）を表しています。橋桁の中央の上流側には、サンクトペテルブルグを流れるネヴァ河の寓意像の間に、サンクトペテルブルグの紋章が、下流側（a）には、セーヌ河の寓意像の間に、パリの紋章（p.159）が掲げられています。

a

b

c

d

アレクサンドル3世橋
Pont Alexandre-III
住 Pont Alexandre-III
75007, 75008 Paris

エッフェル塔スポットA
エッフェル塔スポットB

❻ 12：30　バスク愛あふれる、星つきレストラン級の味

アラン・デュカスなど名だたるシェフのもとで修業をし、バスクを愛してやまないオーナーシェフがこしらえる料理は、温かくも本物のプロの味。ランチはセットにするとお得で、前菜＋メイン、メイン＋デザート、前菜＋メイン＋デザートの選択肢があります。メインは鋳物製の鍋でサーヴされる煮込み料理（a）が大人気。デザートには、バスク産チーズのオッソー・イラティ、ブラックチェリージャム添え(b）もおすすめです。

a

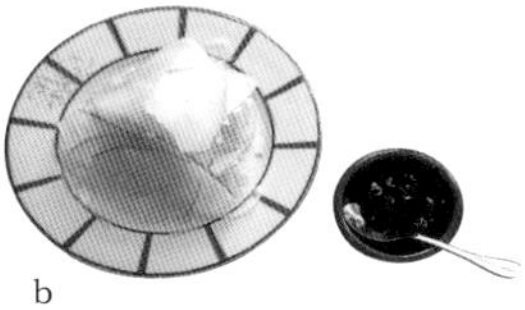
b

ビストロ・ベララ
Bistrot Belhara
住 23 rue Duvivier 75007 Paris
電 01 45 51 41 77
時 12:00 ～ 14:30、19:00 ～ 22:30
休 日、月、祝
https://bistrotbelhara.com/
＊オンライン予約可

❼ 14：10　エッフェル塔のお膝もと、シャン・ド・マルス公園

広大なシャン・ド・マルス（仏／マルスの野）公園の南側を占める建築物は、ルイ15世治下で創設された、エコール・ミリテール（仏／陸軍士官学校、p.69）。この陸軍士官学校の演習場として整えられたのが、ローマ神話の軍神マルス（p.47）の野と名づけられたこの敷地でした。革命後は様々な祭典等の会場として利用されます。1867年、2回目の万博のときにメイン会場として整備され、以降、万博や様々なイベントの会場となり、多くの人々でにぎわいました。

‖近代‖　ナポレオン・ボナパルト（p.100）はコルシカ島から上京し、エコール・ミリテールの砲兵科に入学。ここで訓練にはげんでいたのかもしれません。

‖現代‖　7月14日のフランス革命記念日には、毎年コンサートと花火大会が開かれます。

東京ドームの約5倍の広さの敷地は、パリジャンたちの憩いの場。

シャン・ド・マルス公園
Parc du Champ de Mars
住 Champ de Mars 75007 Paris

エッフェル塔スポットC

❽ 14：30　ラヴィロット邸がひっそりと佇む袋小路

1890年から1910年頃にかけて流行した**アール・ヌーヴォー**は、自然界にある動植物をモチーフにした曲線が特徴的な芸術運動。この時代、調度品や家具、建築物などに幅広く応用されました。ここは、パリに残るアール・ヌーヴォー建築のひとつ、ジュール・ラヴィロットの邸宅です。この辺りの土地を所有していた外交官夫人から依頼を受け設計した集合住宅で、ラヴィロット自身も6階（仏：5階）に住んでいました。ラヴィロットは、エクトール・ギマール（p.129）と同時代に活躍したリヨン生まれの建築家で、陶芸家アレクサンドル・ビゴの協力を得て、炻器《せっき》（陶器と磁器の中間の性質を持つ焼き物）を使ったアール・ヌーヴォー建築を発展させました。

a：黒い錬鉄の装飾が美しい門扉が目印。私有地のため、この門扉から向こうには入らないように鑑賞しよう。b：バルコニーには貝、果物の綱装飾、少女の頭部の組み合わせがあしらわれている。c：玄関扉の錬鉄と木によるアール・ヌーヴォーらしいデザインは見事。

エッフェル塔スポットD

ラップ小広場
Square Rapp
㊟ Square Rapp 75007 Paris

❾ 14：35　艶めかしいラヴィロット建築邸

ラップ通り29番地の集合住宅も、建築家ジュール・ラヴィロットと陶芸家アレクサンドル・ビゴのコンビによるもの。ビゴが制作した炻器に、石材、錬鉄、木やガラスなど、多様な素材を組み合わせた造りで、バルコニーを支える牛頭、玄関口の上のもの憂げな女性や左右のアダムとイヴ、玄関扉を装飾するクジャクやとっ手のトカゲなど、随所にちりばめられたアール・ヌーヴォーの装飾は、今にも動き出しそうです。錬鉄と木の玄関扉のモチーフは、男性のシンボルを露骨に表しているため悪趣味だと非難する声も上がりましたが、独特の世界観が評価され、1901年のパリ市のファサードコンクールで受賞しています。

a：ふたりのコラボレーションの傑作ともいえるこの建物はビゴのために建てられたもの。
b：非難された玄関扉。玄関扉のまわりの装飾は、女性のシンボルを表しているとも。

エッフェル塔スポットE

ラヴィロット建築邸
Immeuble Lavirotte
住 29 avenue Rapp
75007 Paris

⑩ 14：50　まさに鉄の芸術！ エッフェル塔

鉄の貴婦人や鉄のレースと称されるエッフェル塔は、フランス革命100周年の1889年に誕生。この記念すべき年に開催された万博(p.121)の最大のハイライトとして、技師**ギュスターヴ・エッフェル**らによって建てられました。巨大ながら光も風も通す世界一高い塔は、当時の人々に衝撃を与えます。エッフェル塔はライトアップされ、万博初の夜間開場も可能に。パリの景観を危惧した文学者や芸術家による批判はありましたが、電波塔であるという実用性の面からとり壊しを免れ、今では最もパリらしいモニュメントになっています。

完成までに２年２ヵ月５日間を費やしたエッフェル塔。高さ330m（2022年現在）、総重量１万100トンの美しい鉄のレースは、現在も電波塔として使用されている。

エッフェル塔
Tour Eiffel
住 5 avenue Anatole-France 75007 Paris
時 オフィシャルサイトにて随時確認
休 悪天候や安全面から臨時休業、臨時退去あり
料 最上階まで29.40€、12～14歳14.70€、4～11歳7.40€（4歳未満無料）
２階まではエレベーターと階段で料金が異なり、階段の方が半額近く安い。
どちらの手段も最上階と同じ３つの年齢区分で料金が異なり、４歳未満無料。
Ⓘ @toureiffelofficielle
https://www.toureiffel.paris/fr
＊本コースは外観のみ見学。

⑪ 15：10　翼を広げたアール・デコ建築、シャイヨ宮

1878年、この地に万博のパヴィリオンとして、美術館とホールを有したトロカデロ宮が建てられました。2本の塔が添えられたドーム状の個性的な宮殿でしたが、1937年の国際博覧会に向けてとり壊され、新たに大型展示施設としてアール・デコ様式で建てられたのが、このシャイヨ宮です。建設時はすでにエッフェル塔（p.127）が建てられていたため、空間を開けて2棟に分け、正面のエッフェル塔が眺望できる贅沢な設計に。**アール・デコ**は、1910年代に誕生し、1930年代に全盛期を迎えた芸術運動。アール・ヌーヴォー（p.126）とは対照的に、直線や幾何学模様を多用したシンメトリーなデザインが特徴となっています。

エッフェル塔スポット F
エッフェル塔スポット G

博物館や劇場などが入るシャイヨ宮。

シャイヨ宮
Palais de Chaillot
㊟ 1 place du Trocadéro
et du 11 Novembre 75016 Paris
＊本コースは外観のみ見学。

1855年、パリで初めて開催された万博で会場となったモンテーニュ大通り。その15番地にあるシャンゼリゼ劇場は、建築家のペレ兄弟らによって1913年に建てられた、アール・デコ様式の最初期の建築です。オペラや音楽の大ホールと、演劇の小中2つのホールからなり、ファサードのレリーフは彫刻家アントワーヌ・ブールデル、大ホール内の天井画は画家モーリス・ドニによるものです。

7

⑫ 15：50　遊覧船バトー・ムーシュでセーヌ河横断

1867年の万博で初めて、人々を会場に運ぶためにセーヌ河を運行する乗合蒸気船が導入されます。その造船会社がリヨンのムーシュ（仏／ハエ）地区にあったため、船はムーシュ1号、2号、と呼ばれていました。万博閉幕と共に運行も終了しましたが、1900年の万博（p.121）に使われた1隻を手に入れたジャン・ブリュエルが、1949年に観光目的でセーヌ河を航行するクルーズ会社「バトー・ムーシュ」を立ち上げ、1953年に進水。セーヌ河から眺める河岸の建築群や橋の姿は、季節を通して人々を魅了し続けています。

本コースでは16時発、17時10分着の便に乗る。右岸沿いを航行し、サン・ルイ島を過ぎUターン。次は左岸沿いを航行し、ビル・アケム橋でUターンして戻る。

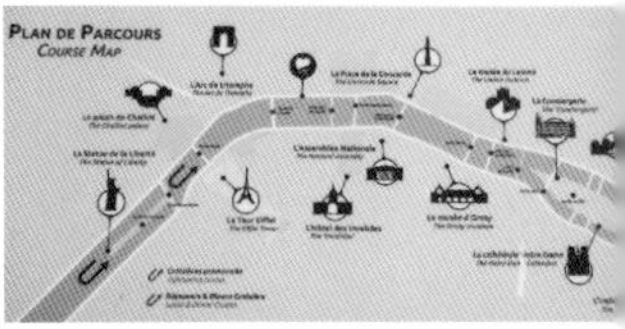

バトー・ムーシュ
Bateaux-Mouches
㊟ Port de la Conférence Pont de l'Alma 75008 Paris
㊒〈4～9月〉月～木10:15～15:30の45分おき、22:30まで30分おきに出航／金～日10:00～22:30の30分おきに出航
〈10～3月〉10:15～22:00の45分おきに出航
オフィシャルサイト（日本語あり）にて随時確認
（セーヌ河の水量により変更あり、所要時間 約1時間10分）
㊕ 15€、13歳未満 6€（4歳未満無料）
Ⓘ @bateauxmouches
https://www.bateaux-mouches.fr/

⑬ 17：20　高くそびえるエッフェル塔を眺めながら

アルマ広場でエッフェル塔を鑑賞しながらお茶がいただけるのはここだけ。赤を基調にしたスタイリッシュな店内も素敵ですが、テラス席が人気です。12時から閉店までいつでも食事ができるので、人気のフレンチトーストにトライしても。

エッフェル塔スポットH

シェ・フランシス
Chez Francis
住 7 place de l'Alma 75008 Paris
T 01 47 20 86 83
時 8:30 ～ 11:00、12:00 ～ 23:00
I @chez_francis_paris
https://chezfrancis-paris.com/

⑭ 18：10　万博のときに開通したパリの地下鉄、メトロ

鉄の時代と呼ばれる19世紀最後の年、1900年の万博に合わせて、メトロの1番線が開通しました。出入口をデザインしたのは、当時パリを席巻していたアール・ヌーヴォーの代表的な建築家**エクトール・ギマール**（p.150）。鉄やガラスといった新素材と植物的な曲線の調和の建築はギマール様式とも呼ばれ、12番線のアベス駅（a）と2番線のポルト・ドフィーヌ駅（b）にオリジナルが残っています。ここアルマ・マルソー駅は1923年に開通し、出入口はスッキリとしたフォントのアール・デコ様式。アール・デコは1925年の国際博覧会を境に大流行し、その他のアール・デコ様式の駅も1920年代から1930年代に開通しています。

a

b

エッフェル塔スポットI

6番線は高架線を走る区間があり、車内からエッフェル塔が見える唯一の線。Passy（パッシー）駅を過ぎてから、進行方向左側に現れる。

パリのメトロ［アルマ・マルソー駅］
Métro de Paris［Station Alma–Marceau］
住 Place de l'Alma 75008 Paris

ルート 2　Métro 9番線
【乗車】Alma–Marceau駅 Pont de Sèvres行き
【乗換】6番線 Trocadéro駅 Nation行き
【下車】Edgar Quinet駅

⑮ 18：35　ブルジョワが造ったパリらしい公共物

1940年6月18日広場の中央にあるコロン・モリス（b）とフォンテーヌ・ワラス（a）。コロン・モリスは、印刷業者リシャール＝ガブリエル・モリスが考案した円柱の広告塔で、今も映画や演劇などのポスターが貼られています。フォンテーヌ・ワラスはイギリス人の大富豪リチャード・ウォレス（仏：リシャール・ワラス）が、普仏戦争（p.101）当時、飲料水不足に悩む市民のために寄贈した給水泉です。こちらも現役で、人々に飲料水を提供しています。シックな深緑色は、街に自然の色をとり入れたいと考えたナポレオン３世（p.101）の提案。キオスク（c、d）やベンチ、街灯など、深緑で統一された公共物は、街のディテールとして、パリの風景の中に溶け込んでいます。

b

c

d

2018年よりキオスクがリニューアル（dが旧型、cが新型）。新型はリサイクル可能な金属、アルミニウム、ガラスで造られている。

コロン・モリス ⑮-1
Colonne Morris
フォンテーヌ・ワラス ⑮-2
Fontaine Wallace
㊟ Place du 18-Juin-1940 75006 Paris

⑯ 18：45　芸術家でにぎわったモンパルナス界隈

16世紀、王妃マルゴ（p.51）がサン・ジェルマン・デ・プレの土地を得ると、その辺りをテリトリーにしていた学生たちが行き場を失い、南にあった草の茂る丘に集まるようになります。彼らはここを、古代ギリシャの神々が集ったとされるパルナッソス山にちなんで、モンパルナス（仏／パルナスの山）と名づけました。19世紀には、モンマルトルに住んでいた芸術家たちが、家賃高騰などを理由にこの辺りに移住。万博が開かれると、近代都市となったパリの最先端の芸術を学ぼうと、世界中の芸術家たちもこの地へやって来ます。外国人芸術家たちはエコール・ド・パリ（仏／パリ派）と呼ばれ、自由奔放な生活を謳歌し、モンパルナスは芸術家たちの聖地になりました。今も残る、彼らが足繁く通ったブラッスリーでは当時のにぎわいをしのぶことができます。

ブラッスリーの原義は英語「ブリュワリー」と同じ意味で、ビール製造所のこと。普仏戦争の際、パリに流れてきたアルザス・ロレーヌ地方の人々が、ビールを飲みながら食事ができる場所として開いたのが始まり。モンパルナス大通りに残るブラッスリーの中で最も古いLe Dôme（ル・ドーム）は1898年創業。特にヘミングウェイやフィッツジェラルドなどアメリカ人が多く集まったという。

a

b

c

a：ル・ドームの反対側の角にあるのが、次に古い1903年創業のLa Rotonde（ラ・ロトンド）。1911年に小ビストロからブラッスリーに改装され、主に画家たちが集った。そのにぎわいは「ひと昔前のモンマルトルのようだ」と喩えられる。b：ラ・ロトンドと同じ並びにある創業1923年のLe Select（ル・セレクト）。ヘミングウェイの小説『日はまた昇る』で、主人公の行きつけのカフェとして登場する。c：ル・セレクトからモンパルナス大通りを渡ったところにある1927年創業のLa Coupole（ラ・クーポール、p.151）。地下にダンスホールを作るなど、話題性の高いブラッスリーだったとか。

モンパルナス地区
Quartier du Montparnasse
住 Boulevard du Montparnasse 75006, 75014 Paris

⑰ 19：00　絶景レストランで世紀末のフィナーレを

ノエ・デュショフール＝ローランスデザインの空間で、パリのパノラマを眺めながら、名シェフのモダンフレンチを味わうことができます。ディナーのおすすめは、'Carte'と書かれたアラカルトメニュー。前菜、肉料理、魚料理、ヴェジタリアン料理、デザートの中から好きなものをチョイスできるので、例えば、ふたりで前菜１品とメイン１品ずつを同時に頼み、シェアしても。デザートは全種類盛り合わせ（a）がお得です。

7

a

シエル・ド・パリ
Ciel de Paris
住 Tour Maine Montparnasse 56 ème étage 33 avenue du Maine 75015 Paris
モンパルナス・タワー56階（専用エレベーターで直行）
電 01 40 64 77 64
時 8:30～24:30、ディナー19:00～24:30（サーヴィスは19:00からと22:00からの2部制）
I @cieldeparis　https://www.cieldeparis.com/
＊オンライン予約可

現代のパリ

Époque Contemporaine

{1945年〜現代}

文化・芸術の国フランスの首都としての歩み

第二次世界大戦終戦から始まる現代は、時系列に沿ってご紹介します。戦後、今に続く第五共和政となったフランスでは、大きな権限を持つ大統領たちと個性的な文化大臣らに率いられ、ポンピドゥーセンターや新凱旋門など、パリの新たな顔となる数々の文化的建造物が造られました。2000年以降になると、新たな文化・芸術の担い手となったのは、モード界の実業家たち。彼らが担う、進化を続けるパリの姿をご案内します。

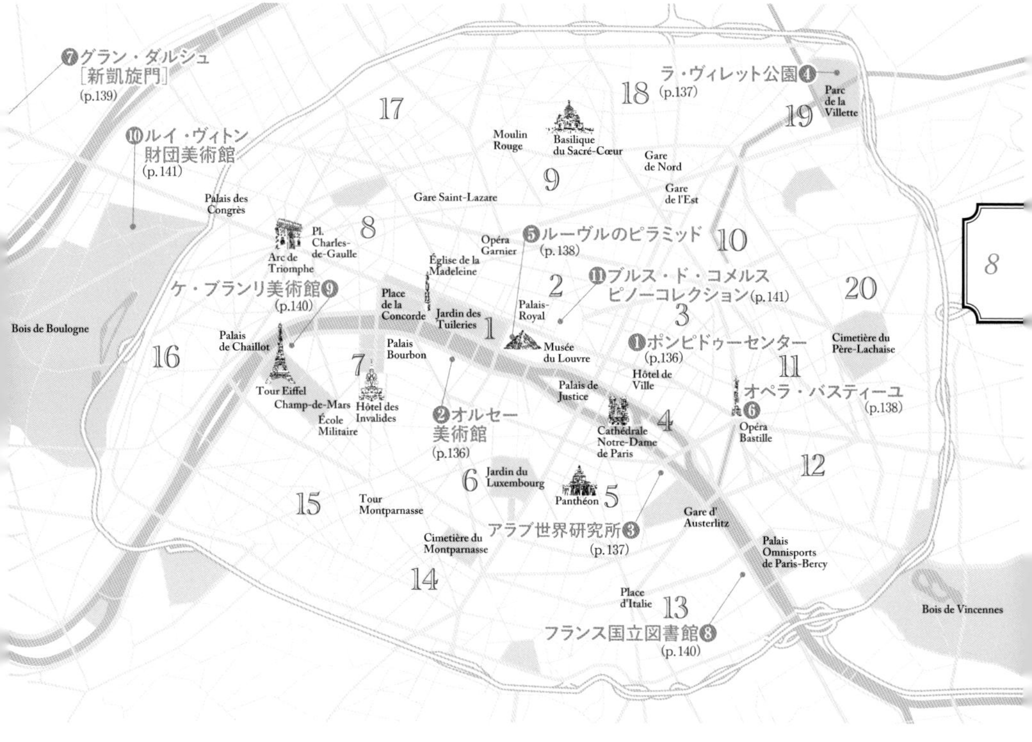

大統領たちが生み出した新しいパリ

戦争に翻弄された第三共和政は、第二次世界大戦で崩壊。1945年の終戦後、第四共和政が成立しました。ところが、世界大戦後は世界中で植民地の独立運動が激しくなります。当時フランスの植民地だったフランス領インドシナ（現ベトナム・ラオス・カンボジア）、また、マグレブと呼ばれる北アフリカのモロッコ、アルジェリア、チュニジアなどで、一斉に独立運動が起こりました。これらの国や地域からの移民も増え、チャイナタウンや、アフリカやイスラム圏の移民街ができ始めます。そんな第四共和政は混迷を極め、あわやクーデターかという状況に。この危機的状況を受け、政界から引退していたシャルル・ド・ゴールが、強力な権限を持った大統領として就任しました。これをもってフランスは、現在も続いている第五共和政に移行します。第五共和政の大統領たちは、その強い権限を文化政策にも発揮し、パリには様々なモニュメントが造られました。

第五共和政の初代大統領シャルル・ド・ゴールが任命した文化大臣**アンドレ・マルロー**は「文化の民主化」と呼ばれる政策を行い、パリに集中していた文化を、フランス全土だけではなく世界にも広めようと尽力。2人目の大統領**ジョルジュ・ポンピドゥー**は現代アートに造詣が深く、芸術を幅広く捉えたポンピドゥーセンター❶を設立します。3人目の大統領**ヴァレリー・ジスカール＝デスタン**は、主要国首脳会議（サミット）を発案し、第1回目をパリ近郊のランブイエで開催。TGV（フランスの新幹線）の建設も彼によって推進されました。4人目の大統領は**フランソワ・ミッテラン**。彼の在任中に、フランス革命200周年記念の1989年を迎え、文化大臣ジャック・ラングのもとでグラン・プロジェ（仏／大計画、p.138）が発動されます。グラン・ダルシュ❼やガラスのピラミッド❺など、新名所が生まれました。5人目のジャック・シラクは親日家でも知られ、西洋以外の大陸文化を芸術として捉えた、ケ・ブランリ美術館❾を創設しました。

❶〜❾はこのページを参照しながらお読みください。

これからのアートシーンを
牽引するパリの今

シラクに続く大統領は、ニコラ・サルコジ、フランソワ・オランド、現在は、エマニュエル・マクロンが再選して2期目を務めています。サルコジの在位中は、金融危機（リーマンショック）があり、オランドのときは、『シャルリー・エブド』紙本社、バタクラン劇場の同時多発テロが発生。そしてマクロンは、ジレ・ジョンヌ（仏／黄色いベスト運動）、新型コロナウイルス、ウクライナ戦争、イスラエル・パレスチナ戦争に見舞われるなど、困難に直面してきました。さらに、世界を席巻するグローバリズムと多様化する国民性を反映してか、彼らの治世では、大統領率いる国としての大きなモニュメントはパリには造られていません。その代わり、次々と斬新な現代美術館を創出しているのが、モード界の実業家たちです。

フランスのモード界といえば、ルイ・ヴィトンやディオールなどを傘下に置く**LVMH**（モエ・ヘネシー・ルイ・ヴィトン）**グループ**や、グッチやバレンシアガなどを傘下に置く**ケリンググループ**が挙げられます。2014年には、ルイ・ヴィトン財団がルイ・ヴィトン財団美術館❿を開館。ケリングの創設者フランソワ・ピノーは、2021年にブルス・ド・コメルス（仏／商品取引所）という歴史建造物内に現代美術館⓫を開館しました。このようなメセナ企業（資金を提供し文化・芸術活動を支援する企業）の先駆けとして誕生したのが、1984年、現代アートの振興を目的として設立された**カルティエ現代美術財団**です。同財団は、1994年に美術館が入ったアートセンター（p.151）を開館しました。2017年にはイヴ・サン＝ローランのアトリエ跡が改装されたイヴ・サン＝ローラン美術館（p.151）、2020年にはアニエス・ベー個人のコレクションを展示したLa Fab.（p.151）、2022年にはシャネルのアトリエ型美術館Le 19 M（p.151）、クリスチャン・ディオールの作品を総覧できるラ・ギャルリー・ディオール（p.151）が次々に開館。その形は様々ですが、新しいパリのアートシーンは彼らによって牽引されています。

❿、⓫はこのページを参照しながらお読みください。

1 ジョルジュ・ポンピドゥー芸術・文化センター

ポンピドゥーセンターは国立近代美術館を有する総合文化施設です。マルロー文化大臣が原案を考え、現代アートに造詣の深かったポンピドゥー大統領が計画を推進。しかし在任中の1974年に病死したため、落成したのは1977年、次のジスカール＝デスタン大統領のときでした。建築は銀座のメゾン・エルメスなどを手がけたレンゾ・ピアノら３人によるもの。人と作品が出会う空間を保つため、館内はなるべく壁を排除し、平面の動きのみで移動できるよう設計されています。垂直に動くものは、人も、電気や水が通る管も、全て外づけに。空調は青、水道管は緑、電力線は黄色、地下部分の換気ダクトが白、人が動くエレベーターとエスカレーターは赤と色分けされています（a、b）。国立近代美術館には1914年の第一次世界大戦勃発以降の作品が所蔵され、企画展の作家もこの時代のもの。７階（仏：６階）が企画展フロアで、５階と６階（仏：４階と５階）の常設展には、マティス、ピカソ、シャガールらの絵画から現代アーティストのインスタレーションまで、ヨーロッパ最大の近現代美術コレクションが展示されています。

ポンピドゥーセンター
Centre Pompidou

住 Place Georges-Pompidou
75004 Paris
時 美術館・企画展 11:00 ～ 21:00
（入館は20:00まで）
木曜の企画展のみ11:00 ～ 23:00
休 火、5/1
料 常設展15€、企画展 各15 ～17€
オールパス18€（18歳未満無料）
駅 Métro 11番線 Rambuteau駅
1・11番線 Hôtel de Ville駅
@centrepompidou
https://www.centrepompidou.fr/
＊2025年から約5年間、大規模改修のため休館。

2 オルセー美術館 ヴァレリー・ジスカール＝デスタン

オルセー美術館は、1848年の二月革命から1914年の第一次世界大戦勃発までの作品が所蔵された国立美術館です。この地には、ナポレオン１世（p.100）の主導でオルセー宮が建てられ、国務院および会計検査院が置かれていました。パリ・コミューン（p.120）で焼失したオルセー宮跡地に、1900年の万国博覧会（p.121）に向けたターミナル駅「オルセー駅」が開通。しかし乗客の増加に対応できず、駅として限界を迎え閉鎖となったのちは、ポンピドゥー大統領によって、美術館として再利用されることになります。次のジスカール＝デスタン大統領が改装プロジェクトを進め、さらにそれを引き継いだミッテラン大統領の政権下、1986年に落成しました。当時、ルーヴル美術館（先史時代から1848年までの作品を所蔵）以降の時代に当てられていたリュクサンブール美術館、チュイルリー庭園（p.144）にあるジュ・ド・ポーム美術館などに分散していた作品や、国際博覧会のときに建てられたパレ・ド・トーキョー（p.151）に収められていた印象派（p.120）などの作品が集められ、オルセー美術館所蔵となります。2020年には、この美術館プロジェクトに最も貢献したジスカール＝デスタンの逝去により、美術館の名称に彼の名前が加えられました。

オルセー美術館
Musée d'Orsay

住 Esplanade Valéry Giscard
d'Estaing 75007 Paris
時 9:30 ～ 18:00
（入館は17:00まで）
木9:30 ～ 21:45
（入館は21:00まで）
休 月、5/1、12/25
料 窓口14€、オンライン16€
（18歳未満無料）
駅 Métro 12番線 Solférino駅
RER C線 Musée d'Orsay駅
@museeorsay
https://www.musee-orsay.fr/

③ アラブ世界研究所

パリから世界にアラブ諸国の情報や文化を発信し、広めるという目的で建てられたアラブ世界研究所。オイルショックを経験したジスカール＝デスタン大統領が、アラブ諸国との外交的な関係を向上させようと施設の建設を計画しますが、完成したのは1987年、次のミッテラン大統領のときでした。ここには研究所としての資料保管室や会議室だけではなく、一般の人に向けた、アラブ文化に関する美術館や図書館、ミュージアムショップ、レストランなどがあります。モダンなガラス張りの建物を設計したのは建築家ジャン・ヌーヴェル。ファサードに並ぶ幾何学模様の窓はアラブ建築様式にあるマシュラビーヤ（木を幾何学模様に組んだ窓）からヒントを得て考案されています。240枚にもおよぶマシュラビーヤ（a）は、アルミパネルという現代の素材で造られ、日差しの強さによってカメラレンズの絞りのように開閉し、室内の明るさを調節する仕組み。ジャン・ヌーヴェルはこの建築で脚光を浴び、カルティエ財団の美術館（p.151）やケ・ブランリ美術館（p.140）も手がけることになりました。

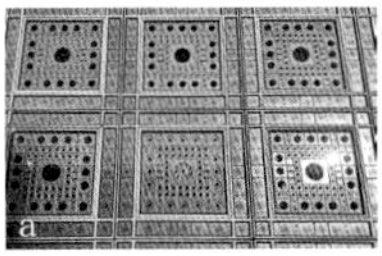

アラブ世界研究所
Institut du Monde Arabe

住 1 rue des Fossés-Saint-Bernard 75005 Paris
時 10:00 ～ 18:00
土・日・祝10:00 ～ 19:00
（窓口は45分前まで）
休 月、5/1
料 常設展 9 €（26歳未満無料）
駅 Métro 7・10番線 Jussieu駅
10番線 Cardinal Lemoine駅
@institutdumondearabe
https://www.imarabe.org/

④ ラ・ヴィレット公園

中央を運河が流れるパリ最大の公園は、複合施設が配された近未来的な景観の緑地帯。55ヘクタールにもおよぶ広大な敷地内には、子供たちが科学に親しむよう造られたシテ科学産業博物館、半球状のスクリーンのIMAXシアター「ラ・ジェオード」、見本市や展示会場として利用される多目的ホール「グランド・アール」、ロックやポップスのコンサートホール「ル・ゼニット」の他、クラシックの音楽博物館、国立音楽院コンセルヴァトワール、コンサートホールといったクラシック音楽関係の施設が一堂に揃う「シテ・ド・ラ・ミュージック フィルハーモニー・ド・パリ」が建てられています。パリ北東に位置するこの地には、ナポレオン３世（p.101）が建てさせた屠殺場と食肉処理場がありました。移転に伴い1974年に閉鎖され、空き地となった広大な土地をジスカール＝デスタン大統領が再開発地として計画。次のミッテラン大統領がグラン・プロジェ（p.138）の一環として引き継ぎます。コンペで選ばれたスイス出身のフランス人建築家ベルナール・チュミが設計し、1987年に公開されました。様々なイベントが催され、子供から若者、大人まで、それぞれが楽しみを見つけられる憩いの場所になっています。

ラ・ヴィレット公園
Parc de la Villette

住 211 avenue Jean-Jaurès
75019 Paris
時 公園6:00 ～深夜1:00
施設によって異なる
料 施設や内容によって異なる
駅 Métro 5番線 Porte de Pantin駅
7番線 Porte de la Villette駅
@la_villette
https://lavillette.com/

フランス革命200周年記念の1989年に大統領だったミッテランは2期にわたる在任中に、ナポレオン３世の大改造（p.101）以来の**グラン・プロジェ**（仏／大計画）を敢行します。前任者のジスカール＝デスタン大統領から引き継いだプロジェクトも含め、パリでは10件近くの文化施設の建造や改築などが行われました。このグラン・プロジェは、フランスでは「グラン・トラヴォ（仏／大規模工事）」とも呼ばれています。

⑤ ルーヴルのピラミッド

当時、旧ルーヴル宮殿の約1/3を占める場所に財務省が入っていたため「片腕がない」といわれていたルーヴル美術館。グラン・プロジェのひとつとして進められたグラン・ルーヴル（仏／大ルーヴル）は、財務省を移転させ、宮殿全体を美術館として改築するという一大プロジェクトでした。その一環として造られたのがクール・ナポレオン（仏／ナポレオンの中庭）のガラスのピラミッドです。それまでこの中庭は財務省との共用駐車場として利用されていたため、地下2階に駐車場を新設。そして、地下１階に美術館のメインエントランス、その真上にピラミットを据えるという案を打ち出したのが、中国系アメリカ人の建築家イオ・ミン・ペイです。ピラミッドは古代文明の祖というシンボリックなモニュメント性だけではなく、まわりの重厚な宮殿を遮らず、地下のメインエントランスに光をとり入れる天窓の役割も果たしています。ガラスは創業1665年の王立ガラス製作所から続くサンゴバン社が製作しました。

ルーヴルのピラミッド
Pyramide du Louvre

住 Cour Napoléon 75001 Paris
駅 Métro 1・7 番線
Palais Royal−
Musée du Louvre駅
Ⓘ @museelouvre
https://www.louvre.fr/
＊内部へのアクセスは、ルーヴル美術館の開館時間に準ずる。

8

⑥ オペラ・バスティーユ

グラン・プロジェのひとつとして建てられたオペラ・バスティーユは、オペラ・ガルニエ（p.105）に次ぐ、パリふたつ目の歌劇場です。貴族文化の代表ともいえるオペラ座の建設用地として選ばれたのは、フランス革命200周年記念にふさわしく、どこよりも民衆の力が喚起される革命発祥の地バスティーユ広場（p.90）。ミッテラン政権下で文化大臣を務めていたラングの、大衆文化と貴族文化の垣根を払い、文化の民主化をはかるというコンセプトがうかがわれます。曲面に方形パネルを組み合わせた現代建築は、ウルグアイ系カナダ人カルロス・オットーによるもの。1989年7月13日、革命200周年記念前夜に、ミッテラン大統領をはじめ英国首相マーガレット・サッチャーなど、32人の各国首脳ら臨席のもと落成。現在、オペラ・ガルニエでは小規模なバレエやオペラが、オペラ・バスティーユではコンピューター制御による最新設備の整った舞台で、大がかりなバレエやオペラ、オーケストラのコンサートなどが公演されています。

オペラ・バスティーユ
Opéra Bastille

住 120 rue de Lyon 75012 Paris
駅 Métro 1・5・8番線
Bastille駅
Ⓘ @operadeparis
https://www.operadeparis.fr/visites/opera-bastille
＊公演があるときのみ開館。ガイドつき内部見学（有料）は、オフィシャルサイトから予約できる。

7 グラン・ダルシュ［新凱旋門］

グラン・プロジェ（p.138）のひとつ、パリ郊外にあるラ・デファンス地区の開発の一環として建てられたのがグラン・ダルシュ（仏／大アーチ）です。ラ・デファンスは、17世紀にチュイルリー庭園（p.144）とシャンゼリゼ大通り（p.146）が整備されてから、王や皇帝たちが西へ向かって都市計画をしていった、その先に位置する高台。大統領たちの時代に入ると新都心として開発され、高層ビルが建ち並ぶビジネス地区になります。ところが1970年代の経済危機を受け、開発は大幅に減速。1980年代にミッテラン大統領によって再び開発地区となり、その旗手として建設されたのがグラン・ダルシュです。デンマーク人のヨハン・オットー・フォン・スプレッケルセンが建築し、未完のまま辞職した彼の意志を引き継いで、フランス人のポール・アンドリューが仕上げました。スプレッケルセンが「グラン・ダルシュはエトワール凱旋門（p.110）の20世紀版。軍事的勝利ではなく、人類と人道主義の理想に捧げた凱旋門として構想した」と語っているように、現代建築ながら凱旋門とひと目でわかる造りになっています。また、立方体の一辺約110mは、エトワール凱旋門の高さのほぼ2倍、ルーヴル美術館にあるクール・カレ（p.63）の一辺とほぼ同じ長さになっており、ふたつの歴史建造物へのオマージュが込められているとか。フランス革命200周年記念日となる1989年7月14日に落成され、この日から16日まで、第15回主要国首脳会議がこのグラン・ダルシュで開かれました。同時にフランス革命200周年の記念行事も開幕し、前夜のオペラ・バスティーユ（p.138）の落成式同様、30カ国以上の首脳が集結。世界中にその姿がお披露目されるという、華々しい誕生となったのです。

チュイルリー庭園からシャンゼリゼ大通りを望むとカルーゼル凱旋門の先にグラン・ダルシュが見える。この直線を「パリの歴史軸」と呼ぶ。

チュイルリー庭園を中心に、西に位置するこのグラン・ダルシュから、東はカルーゼル凱旋門（p.102）までを結ぶ約8kmの一直線を「パリの歴史軸」といいます。この歴史軸の起源は、カトリーヌ・ド・メディシス（p.50）がチュイルリー宮殿（p.103）に併設したシンメトリーのチュイルリー庭園に端を発しています。のちにルイ14世のお抱え造園家アンドレ・ル・ノートルがこの庭園からの視線を継続してシャンゼリゼ大通りを敷設。その軸上を歴代の王や皇帝たちが西へと都市計画をのばし、19世紀にはエトワール凱旋門が、20世紀にはグラン・ダルシュが造られ、王、皇帝、大統領と引き継がれた「パリの歴史軸」が完成します。さらに、カルーゼル凱旋門から東への一直線上には、ガラスのピラミッド（p.138）、ルーヴル美術館、パリ市庁舎（p.39）、その先にオペラ・バスティーユという立地になっており、ミッテラン大統領のグラン・プロジェが、パリの歴史軸を意識して構成されたことがわかります。パリが創り出した歴史軸の上に建つグラン・ダルシュは、今までの歴史をリスペクトしつつ、その先へ続いていくという、時間的にも空間的にも、意味深いモニュメントなのです。

グラン・ダルシュ
Grande Arche
住 1 parvis de La Défense
92800 Puteaux
駅 Métro 1番線・
RER A線
La Défense駅
https://parisladefense.com/fr/decouvrir/tours/grande-arche-la
＊2023年の展望台閉鎖により、現在は外観のみの見学。

⑧ フランス国立図書館 フランソワ・ミッテラン

グラン・プロジェ（p.138）のひとつ、パリにあるフランス国立図書館の新館として造られたのが、フランス国立図書館フランソワ・ミッテランです。フランス国立図書館（略称BnF）は中世以来の王室図書を継承する、世界で最も豊富なコレクションを所蔵する機関で、パリ以外にも地方に複数の施設を有しています。母体となるパリ２区の国立図書館（p.146）が手狭になったことと、技術的発展に伴う情報メディアの多様化に対応するために「世界で最も大きく、かつ最も近代的な図書館を」というミッテランの提唱により建設が決定。選ばれたのは、パリ左岸の東部13区の新開発地区でした。巨大な４冊の本がL字型に開き、向かい合う形で建てられたガラス張りの建築は、フランスの建築家ドミニク・ペローによるもの。蔵書がデジタル化され、検索システムも導入された最新設備の図書館の他に、常設展、企画展、４棟の建物に囲まれた庭園も楽しむことができるマルチメディアセンターとなっています。ミッテラン大統領は1995年３月30日の落成式に臨席しますが、約９カ月後に病死。図書館にミッテランの名前が加わりました。この図書館は彼がパリに残した最後の偉業となったのです。

フランス国立図書館 ミッテラン館
Bibliothèque Nationale de France
François Mitterrand

住 Quai François-Mauriac
75013 Paris
時 10:00 ～ 20:00
日13:00 ～ 19:00
休 月、祝
料 図書館5€（17:00以降は無料）
駅 Métro 14番線・RER C線
Bibliothèque François
Mitterrand駅
６番線 Quai de la Gare 駅
@labnf
https://www.bnf.fr/fr/francois-mitterrand

⑨ ケ・ブランリ美術館 ジャック・シラク

ケ・ブランリ美術館は、アフリカ、アジア、オセアニア、アメリカ大陸で育まれた、西洋とは異なる文化を芸術として紹介するコンセプトの文化施設です。未だかつてなかったこの美術館の構想は、1990年、当時のパリ市長で、日本美術に造形が深かったシラクとジャック・ケルシャシュという原初美術（ヨーロッパおよびユーラシア大陸に起源を持たない美術）の専門家との出会いから始まりました。1995年、大統領となったシラクは新美術館建築のプロジェクトを立ち上げます。セーヌ河沿いのケ・ブランリ（仏／ブランリ河岸）が用地として選ばれ、設計はジャン・ヌーヴェルが担当。構想から16年後となる2006年6月20日、シラク大統領臨席のもと落成しました。４つの建物からなるこの施設は、常設展、企画展のエリアの他、図書館や映画館、アトリエ、劇場、ミュージアムショップ、カフェなどが入っています。常設展示室は4500㎡の広さに、4大陸の展示エリアが大河に見立てられた通路のまわりに配され、壁で仕切られることなく自由に横断できるというもの。また、美術館の別棟の緑化された垂直の壁や、本館下に広がる庭園も、開館当初から話題になっている見どころのひとつです。

ケ・ブランリ美術館
Musée du quai Branly

住 37 quai Jacques-Chirac
75007 Paris
時 10:30 ～ 19:00、
木10:30 ～ 22:00
（窓口は1時間前まで）
休 月、5/1、12/25
料 14€（26歳未満無料）
駅 RER C線 Pont de l'Alma駅
Métro 9番線 Alma–Marceau駅
@quaibranly
https://www.quaibranly.fr/

⑩ フォンダシオン・ルイ・ヴィトン

ルイ・ヴィトン財団がパリ西部に位置するブローニュの森に開館した現代美術館です。ルイ・ヴィトンが名を連ねるLVMHグループが、長年メセナ活動をしてきたことに加え、会長のベルナール・アルノー自身が現代アートのコレクターだったこともあり、現代アートを広めるというコンセプトにより誕生。2014年10月20日、アルノー会長、およびオランド大統領臨席のもと落成しました。ガラスパネルの帆船のような建築は、ビルバオのグッケンハイム美術館などを手がけた、アメリカに拠点を持つカナダ出身の建築家フランク・ゲーリーによるもの。グラン・パレ（p.122）にインスピレーションを受けて造られたという建物自体も、鑑賞に値する巨大な現代アートです。テラスからの眺めもすばらしく、ブローニュの森やエッフェル塔（p.127）、グラン・ダルシュ（p.139）のあるラ・デファンス地区を望むことができます。ここは企画展のみですが、アーティストの回顧展や世界有数のアートコレクターらによるコレクションなど、広い空間を活かした質の高い展示が好評です。館内にはアトリエやホール、レストラン、ミュージアムショップもあり、コンサートなどのイベントも行われています。

ルイ・ヴィトン財団美術館
Fondation Louis Vuitton

住 8 avenue du Mahatma-Gandhi Bois de Boulogne 75116 Paris
開館時間、休み、料金は企画展によって異なる
駅 Métro 1番線 Les Sablons駅
@fondationlv
https://www.fondationlouisvuitton.fr/

⑪ ブルス・ド・コメルス ピノーコレクション

ケリンググループの創設者フランソワ・ピノーの現代アートコレクションを展示するために造られた美術館です。ここには16世紀にカトリーヌ・ド・メディシス（p.50）の別宅がありましたが、18世紀に穀物取引所となり、現在見られる円形の建物になりました。その後、1889年の万国博覧会（p.121）の際に改築されブルス・ド・コメルス（仏／商品取引所）となるも、1998年に取引終了。パリに美術館を造ることを希望していたピノーは、この歴史的建造物を美術館にするという構想を発表します。改装を任された建築家の安藤忠雄には、建物自体はそのまま残し、内部を現代アートにふさわしい空間にするという使命が与えられました。彼は中央の吹き抜けの円形展示場をすっぽり包む円筒を造り、螺旋階段でそのまわりの展示室を巡るという構成で、歴史的建築物と現代アートを見事に共存させます。2021年5月22日、ピノー、およびマクロン大統領夫人臨席のもと落成。ピノーが長年かけて集めてきた約1万点にもおよぶコレクションが交代で展示される企画展のみで、最上階には穀物取引所だったことにちなんで、穀物（穀類や豆、種実など）をコンセプトにしたレストランが入っています。

ブルス・ド・コメルス
ピノーコレクション
Bourse de commerce
Pinault Collection

住 2 rue de Viarmes 75001 Paris
時 11:00～19:00、金11:00～21:00
休 火、5/1
料 14€（第1土曜17:00～21:00は無料）
駅 Métro 1番線 Louvre−Rivoli駅
RER A・B・D線
Châtelet−Les Halles駅
@boursedecommerce
https://www.pinaultcollection.com/fr/boursedecommerce

他にもおすすめしたいアドレス

各時代でご紹介している飲食店の代わりのおすすめのお店［★］と、各時代に関連するスポット、美術館などの観光名所［●］、レストランなどの飲食店［◆］、ショップ［◇］を紹介します。

＊関連スポットで住所の最後にParisと書かれてない施設は郊外にありますが、遠くても1～2時間以内で行ける場所です。

古代

［朝食］

★Brasserie Les Deux Palais《地図p.10 R1》
カフェ
住 3 boulevard du Palais 75001 Paris
電 01 43 54 20 86
時 7:00 ～ 23:00
@brasserielesdeuxpalais
https://brasserielesdeuxpalais.fr/

★La Dame de Paris《地図p.10 R2》
カフェ
住 11 rue d'Arcole 75004 Paris
電 01 43 54 19 45
時 8:00 ～ 21:30、土・日9:00 ～ 21:30
@ladamede_paris
https://ladamedeparis.fr/

★Shakespeare and Company Café《地図p.10 R3》
コーヒーショップ
住 37 rue de la Bûcherie 75005 Paris
電 01 43 25 40 93
時 9:30 ～ 19:00、土・日9:30 ～ 20:00
https://www.shakespeareandcompany.com/cafe

［ランチ］

★Tram《地図p.10 R4》
カフェ・レストラン〈モダン〉
住 47 rue de la Montagne-Sainte-Geneviève 75005 Paris
電 01 87 03 94 86
時 9:00 ～ 19:30
休 日、月
@tram.restaurant

★Bistrot L'Estrapade《地図p.10 R5》
レストラン〈ビストロ〉
住 15 rue de l'Estrapade 75005 Paris
電 01 43 25 72 58
時 12:00 ～ 14:30、18:30 ～ 22:00
休 日、月
https://bistrotlestrapade.fr/

［お茶の時間］

★KB Coffee Roasters《地図p.11 R6》
コーヒーショップ
住 53 avenue Trudaine 75009 Paris
電 01 56 92 12 41
時 7:45 ～ 18:30、土・日 9:00 ～ 18:30
@kbcoffeeroastersparis
https://www.kbcafeshop.com/

［ディナー］

★La Boîte aux Lettres《地図p.11 R7》
レストラン〈ネオビストロ〉
住 108 rue Lepic 75018 Paris
電 01 42 51 76 84
時 12:00 ～ 14:30、19:00 ～ 22:30
休 日
@ laboiteauxlettres
https://laboiteauxlettres.com/
要予約（オンライン予約可）

★Marcel-Léandre《地図p.11 R8》
カフェ・レストラン〈モダン〉
住 1 villa Léandre 75018 Paris
電 01 46 06 04 04
時 10:00 ～ 22:00
土・日 10:00 ～ 18:30
@ restaurantmarcel
http://www.restaurantmarcel.fr/

［関連スポット］

●国立考古学博物館
［サン・ジェルマン・アン・レー城］
Musée d'Archéologie Nationale
［Chateau de Saint-Germain-en-Laye］
住 Château–place Charles-de-Gaulle 78100 Saint-Germain-en-Laye
駅 RER A線 Saint-Germain-en-Laye駅
@archeonationale
https://musee-archeologienationale.fr/
中世からフランスの歴代の国王が滞在した城をフランソワ1世（p.50）がルネサンス様式に改築。ルイ14世（p.68）の生誕地として知られる。ナポレオン3世（p.101）によって旧石器時代から中世までの作品が展示される考古学博物館に。

中世

[朝食]

★Le Mabillon《地図p.26 R9》

カフェ

住 164 boulevard Saint-Germain 75006 Paris
電 01 43 26 62 93
時 8:00 ～早朝5:00、金・土8:00 ～早朝6:00
I @ le_mabillon_paris
https://www.lemabillon-paris.com/

[ランチ]

★Brasserie Des Prés《地図p.26 R10》

ネオブラッスリー

住 6 cour du Commerce-Saint-André
75006 Paris
電 01 42 03 44 13
時 9:00 ～ 24:00
https://lanouvellegarde.com/fr/brasserie-des-pres/#reservation

★Allard《地図p.26 R11》

レストラン〈ビストロ〉

住 41 rue Saint-André-des-Arts 75006 Paris
電 01 43 26 48 23
時 12:00 ～ 14:00、19:00 ～ 22:00
I @ allard_restaurant
https://www.restaurant-allard.fr/

[お茶の時間]

★Noir–Coffee Shop & Torréfacteur
《地図p.27 R12》

コーヒーショップ

住 63 rue Saint-Louis-en-l'Île 75004 Paris
時 8:00 ～ 12:00、12:30 ～ 18:00
土・日9:00 ～ 18:00
I @ noir_coffeeshop
https://noircoffeeshop.com/

★L'Ébouillanté《地図p.27 R13》

サロン・ド・テ

住 6 rue des Barres 75004 Paris
電 01 42 74 70 52
時 12:00 ～ 18:00
土・日12:00 ～ 19:00
https://ebouillante.fr/

[ディナー]

★Le Rubis《地図p.27 R14》

ワインバー〈ビストロ〉

住 10 rue du Marché-Saint-Honoré 75001 Paris
電 01 42 61 03 34
時 8:00 ～深夜2:00、土9:00 ～深夜2:00
休 日

★Nomad's《地図p.27 R15》

カフェ・レストラン〈モダン〉

住 12-14 rue du Marché-Saint-Honoré
75001 Paris
電 01 42 60 47 21
時 9:00 ～ 24:00、日9:00 ～ 19:00
I @ nomadsparis
https://nomads-paris.com/

[関連スポット]

●サン・ドニ大聖堂
Basilique Cathédrale de Saint-Denis

住 1 rue de la Légion-d'Honneur 93200 Saint-Denis
駅 Métro 13番線 Basilique de Saint-Denis駅
I @ basiliquesaintdenis
https://www.saint-denis-basilique.fr/

尖塔とステンドグラスがとり入れられた世界初のゴシック建築の大聖堂。フランスの歴代国王が埋葬されている。

●ヴァンセンヌ城
Château de Vincennes

住 Avenue de Paris 94300 Vincennes
駅 Métro 1番線 Château de Vincennes駅
I @ chateauvincennes
https://www.chateau-de-vincennes.fr/

14世紀から17世紀にかけて建てられたフランスに現存する最大の王城。フィリップ・オーギュスト（p.28）やサン・ルイ（p.29）など歴代の王が滞在した。

●◆オーヴェルジュ・ニコラ・フラメル
Auberge Nicolas Flamel

住 51 rue de Montmorency 75003 Paris
駅 Métro 11番線 Rambuteau駅・Arts et Métiers駅、
4番線 Étienne Marcel駅
I @ auberge_nicolasflamel
https://auberge.nicolas-flamel.fr/

1407年、錬金術師ニコラ・フラメルが自身の事業と貧者救済のために建てた家。建造年がはっきりしているパリ最古の家とされる。現在、同名のレストランが入っており、ミシュランガイド2023年版1つ星店。

●ジャン・サン・プールの塔《地図p.67 E1》
Tour Jean-sans-Peur

住 20 rue Étienne-Marcel 75002 Paris
駅 Métro 4番線 Étienne Marcel駅
I @ tourjsp
https://tourjeansanspeursite.wordpress.com/

15世紀にサン・プール（仏／恐れなし）と呼ばれたブルゴーニュ公ジャン1世（無《む》畏《い》公）の建てた塔。百年戦争（p.29）の頃の建築様式を見ることができ、中世の社会や文化をテーマにした企画展も行われている。

◇Le Comptoir des Monastères《地図p.10、p.26 E2》

住 33 rue Galande 75005 Paris
駅 Métro 10番線 Maubert−Mutualité駅
https://lecomptoirdesmonasteres.fr/

修道院製のグッズと食料品のお店。

◇Sources Vives Monastica《地図p.27 E3》

住 10 rue des Barres 75004 Paris
駅 Métro 7番線 Pont Marie駅
https://monasticasourcesvives.fr/

修道院製のグッズと食料品のお店。

◇La Boutique de la Sorbonne
et des Universités de Paris《地図p.10、p.26 E4》

住 10 rue de la Sorbonne 75005 Paris
駅 Métro 10番線 Cluny La Sorbonne駅
https://www.sorbonne.fr/la-sorbonne/boutique/

中世創立のソルボンヌ大学を発祥とする、現在パリにある国立大学のオフィシャルグッズをとり扱うお店。

ルネサンス

[朝食]

★Cour des Vosges《地図 p.48 R16》
ホテルのサロン・ド・テ
住 19 place des Vosges 75004 Paris
電 01 42 50 30 30
時 7:00 ～ 20:00
I @ courdesvosges
https://courdesvosges.com/salon-de-the-patisserie-place-des-vosges-marais/

★Brigat'《地図 p.48 R17》
パン・菓子店
住 6 rue du Pas-de-la-Mule 75003 Paris
電 01 57 40 83 85
時 7:30 ～ 20:00、土・日 8:00 ～ 20:00
休 月
I @ brigat.paris
https://brigat.paris/

★Carette Place des Vosges p.88《地図 p.84 ①》
菓子店、サロン・ド・テ

[ランチ]

★Presto Fresco《地図 p.49 R18》
レストラン〈イタリア〉
住 14 rue Montmartre 75001 Paris
電 01 40 26 83 94
時 12:00 ～ 15:30、19:00 ～ 23:00
I @ presto_fresco
https://prestofresco.fr/

★Marcelle《地図 p.49 R19》
コーヒーショップ・レストラン〈モダン〉
住 22 rue Montmartre 75001 Paris
電 01 40 13 04 04
時 8:30 ～ 18:00、土・日 9:00 ～ 18:00
I @ restaurant_marcelle
https://restaurantmarcelle.fr/

[お茶の時間]

★L'Heure Gourmande《地図 p.49 R20》
サロン・ド・テ
住 22 passage Dauphine 75006 Paris
電 01 46 34 00 40
時 11:30 ～ 19:00
休 月
I @ heure_gourmande
https://heuregourmande.fr/

★Mariage Frères Rive Gauche《地図 p.49 R21》
茶葉専門店、サロン・ド・テ
住 13 rue des Grands-Augustins 75006 Paris
電 01 40 51 82 50
時 12:00 ～ 19:00
休 日
I @ mariagefreresofficial
https://www.mariagefreres.com/

[ディナー]

★Uno《地図 p.49 R22》
カフェ・レストラン〈イタリア〉
住 37 rue Berger 75001 Paris
電 01 42 36 20 47
時 12:00 ～ 23:00
I @ uno_paris
https://www.unoparis.com/

★À l'Épi d'Or
p.81《地図 p.67 ⑱》
レストラン〈ネオビストロ〉

★La Régalade Saint-Honoré
p.145《地図 p.67 R27》
レストラン〈ネオビストロ〉

[関連スポット]

●フォンテーヌブロー城
Château de Fontainebleau
住 Château de Fontainebleau 77300 Fontainebleau
駅 Transilien R線 Fontainebleau－Avon駅下車
バス 1番線（Les Lilas行き）に乗りChâteau下車
I @ chateaufontainebleau
https://www.chateaudefontainebleau.fr/
12世紀に建てられた城をフランソワ1世（p.50）がイタリアから職人を呼び寄せてルネサンス様式に建て替え、ルネサンス芸術の中心として花開いた城。19世紀まで改築が続けられたため、800年の変遷を見ることができる。

●国立ルネサンス美術館［エクアン城］
Musée National de la Renaissance [Château d'Écouen]
住 Rue Jean-Bullant 95440 Écouen
駅 Transilien H線 Écouen Ezanville駅
I @ musee_renaissance
https://musee-renaissance.fr/
フランソワ1世、アンリ2世（p.50）に仕えた貴族の城館。タピスリーの傑作「ダヴィデ王とバテシバ」をはじめとする、ルネサンス時代のヨーロッパの装飾芸術が展示されている。

●チュイルリー庭園《地図 p.99 E5》
Jardin des Tuileries
住 Jardin des Tuileries 75001 Paris
駅 Métro 1番線 Tuileries駅
カトリーヌ・ド・メディシス（p.50）がチュイルリー（仏／瓦製造所）跡に、宮殿と共に造らせたイタリア式庭園。17世紀にルイ14世のお抱え造園家アンドレ・ル・ノートルがフランス式庭園に造り替えた。

●パリで一番古い木《地図 p.10、p.26 E6》
Le plus Vieil Arbre de Paris
住 Square René-Viviani 75005 Paris
駅 Métro 4番線 Saint-Michel駅
RER B・C線 Saint-Michel－Notre-Dame駅
10番線 Cluny－La Sorbonne駅
アンリ4世（p.51）の薬草医ジャン・ロバンが1601年に植栽したニセアカシア。樹齢400年以上のニセアカシアの木が残るこの庭園（現ルネ・ヴィヴィアニ小公園）はジャン・ロバンが管理した王立薬草園だった。

◆ La Tour d'Argent p.116《地図p.10、p.27 E7》
住 15 quai de la Tournelle 75005 Paris
駅 Métro 10番線 Cardinal Lemoine駅
7番線 Pont Marie駅
@ latourdargentparis
https://tourdargent.com/
1582年創業。名物は創業以来、通し番号を入れている鴨料理。近くにある系列の食料品店La Petite Épicerie de la Tour（13 quai de la Tournelle）、パン・菓子店Le Boulanger de la Tour（2 rue du Cardinal Lemoine）もおすすめ。

◆ Le Relais Louis XIII《地図p.49 E8》
住 8 rue des Grands-Augustins 75006 Paris
駅 Métro 7番線 Pont Neuf駅
4・10番線 Odéon駅
RER B・C線 Saint-Michel－Notre-Dame駅
@ relais_louis_13
https://relaislouis13.fr/
アンリ4世の暗殺直後、ルイ13世が即位宣言（p.59）をしたグラン・ゾーギュスタン修道院跡にあるルイ13世の名を冠したレストラン。ミシュランガイド2023年版1つ星店。

近世

［朝食］

★ Tram
p.142《地図p.10 R4》
カフェ・レストラン〈モダン〉

★ Boulangerie Moderne Rabineau《地図p.66 R23》
パン・菓子店
住 16 rue des Fossés-Saint-Jacques 75005 Paris
電 01 43 54 12 22
時 7:00 〜 20:00
休 土、日

［ランチ］

★ Au Bon Coin《地図p.66 R24》
レストラン〈ビストロ〉
住 21 rue de la Collégiale 75005 Paris
電 01 43 31 55 57
時 12:00 〜 14:30、19:00 〜 22:30
金・土12:00 〜 15:00、19:00 〜 23:00
日12:00 〜 15:00、19:00 〜 22:00
@ bistrotauboncoinparis
http://auboncoin-bistrot.com/

★ Caluche《地図p.66 R25》
カフェ・レストラン〈ネオビストロ〉
住 12 rue de Mirbel 75005 Paris
電 01 45 87 89 40
時 9:00 〜 24:00
休 土、日
@ caluche_cafe_cave

［お茶の時間］

★ Terres de Café《地図p.67 R26》
コーヒーショップ
住 36 rue des Blancs-Manteaux 75004 Paris
電 09 87 02 51 76
時 12:30 〜 19:00、土9:30 〜 19:00
休 月
@ terresdecafe
https://www.terresdecafe.com/fr/content/70-nos-boutiques

［ディナー］

★ La Régalade Saint-Honoré《地図p.67 R27》
レストラン〈ネオビストロ〉
住 106 rue Saint-Honoré 75001 Paris
電 01 42 21 92 40
時 12:15 〜 14:00、19:15 〜 22:00
土12:15 〜 14:30、19:15 〜 22:30
休 日、月
@ la_regalade
https://laregalade.paris/

★ Uno
p.144《地図p.49 R22》
カフェ・レストラン〈イタリア〉

★ Café Blanc
p.148《地図p.99 R32》
カフェ

[関連スポット]

●サン・ヴァンサン・ド・ポール礼拝堂
Chapelle Saint-Vincent-de-Paul
住 95 rue de Sèvres 75006 Paris
駅 Métro 10番線 Vaneau駅
https://cmission.fr/communautes/maison-mere/chapelle-saint-vincent-de-paul-paris/
サン・ヴァンサン・ド・ポール(p.72、p.73)によって創設された宣教会「ラザリスト会」の礼拝堂に、蝋人形の中に入れられ透明な棺の中に納めてあるサン・ヴァンサン・ド・ポールの遺骨が展示されている。

●パリ植物園
Jardin des Plantes de Paris
住 57 rue Cuvier 75005 Paris
駅 Métro 7・10番線 Jussieu駅、Métro 5・10番線 RER C線 Gare d'Austerlitz駅
@ le_museum
https://www.jardindesplantesdeparis.fr/
国王の薬草医が植物を育てていた場所をルイ13世(p.68)が買い上げ、王立薬用植物園として創設したのが始まり。革命後に国立自然史博物館となり、広い敷地内に植物園、動物園、温室、博物館などがある。

●フランス国立図書館 リシュリュー館 p.140《地図p.99 E9》
Bibliothèque Nationale de France—Richelieu
住 5 rue Vivienne 75002 Paris
駅 Métro 3番線 Bourse駅
@ labnf
https://www.bnf.fr/fr/richelieu
ルイ13世の宰相を務めたリシュリュー枢機卿(p.68)が所有していた土地に、ルイ14世(p.68、p.69)に仕えたマザラン枢機卿が建てた邸宅が王室図書館となり、増改築が繰り返されフランス国立図書館の母体に。全面改装され、再オープンした。

●サン・シュルピス教会《地図p.49 E10》
Église Saint-Sulpice
住 2 rue Palatine 75006 Paris
駅 Métro 4番線 Saint-Sulpice駅
@ paroissesaintsulpice
https://www.paroissesaintsulpice.paris/
アンヌ・ドートリッシュ(p.68)により建築された、ノートルダム大聖堂(p.38)に次ぎパリで2番目に大きい教会。19世紀の画家ドラクロワのフレスコ画「天使とヤコブの闘い」、「悪魔を倒す聖ミカエル(p.33)」「神殿から追放されるヘリオドロス」がある。

●ピカソ美術館[サレ館]《地図p.67 E11》
Musée Picasso Paris [Hôtel Salé]
住 5 rue de Thorigny 75003 Paris
駅 Métro 8番線 Chemin Vert駅・Saint-Sébastien—Froissart駅
@ museepicassoparis
https://www.museepicassoparis.fr/
ルイ14世治世下、塩税徴収官ピエール・オベール・ド・フォントネが建てさせた邸宅だったことから「サレ(仏/塩)館」と呼ばれるように。ピカソの死後、2度にわたり遺族から寄贈された広範な作品が展示されている。

●ギャルリー・デ・ゴブラン《地図p.66 E12》
Galerie des Gobelins
住 42 avenue des Gobelins 75013 Paris
駅 Métro 7番線 Les Gobelins駅
@ mobiliernational
https://www.mobiliernational.culture.gouv.fr/
ルイ14世がこの場所に、タペストリーや家具などの室内装飾の工房をまとめた王立製作所を設立。ここで織られたタペストリーはゴブラン織と呼ばれて高く評価され、現在も国立ゴブラン織製作所としてその伝統を受け継いでいる。敷地内に併設された美術館は、企画展示のみ公開される。

●フランス学士院《地図p.49 E13》
Institut de France
住 23 quai de Conti 75006 Paris
駅 Métro 4番線 Saint-Germains-des-Prés駅 7番線 Pont Neuf駅
@ institutdefrance
https://www.institutdefrance.fr/
ルイ14世に仕えたマザラン枢機卿が教育機関として建築した建物に、1795年に設立された、科学や芸術の発展をもとに政治への助言を担う国立研究所が入っている。ルイ13世に仕えたリシュリュー枢機卿によって1635年に創立された、フランス語の規則化や統一を目的とした学術団体アカデミー・フランセーズもその一角を占める。

●シャンゼリゼ大通り《地図p.98、p.119 E14》
Avenue des Champs-Élysées
住 Avenue des Champs-Élysées 75008 Paris
駅 Métro 1・2・6番線 RER A線 Charles de Gaulle—Étoile駅
ルイ14世の治世下に、お抱え造園家アンドレ・ル・ノートルによって敷設された並木道。コンコルド広場(p.94)からエトワール凱旋門(p.110)があるシャルル・ド・ゴール広場までを結ぶ長さ約2km、幅約70mの大通りは「世界で一番美しい大通り」と称される。

●ヴェルサイユ宮殿
Château de Versailles
住 Place d'Armes 78000 Versailles
駅 RER C線 Versailles Château Rive Gauche駅
Transilien L線 Versailles Rive Droite駅
Transilien N線 Versailles Chantiers駅
@ chateauversailles
https://www.chateauversailles.fr/
ルイ14世が建造させ、ルイ15世、ルイ16世(共にp.69)が住んだ王宮。絶対王政の絶頂期を今に伝える豪華な城とフランス式庭園の最高傑作と称される優美な庭園が広がる。

●ロダン美術館[ビロン館]
Musée Rodin [Hôtel Biron]
住 77 rue de Varenne 75007 Paris
駅 Métro 13番線 Varenne駅
@ museerodinparis
https://www.musee-rodin.fr/
ルイ15世のもとで活躍したビロン元帥の館。のちに彫刻家オーギュスト・ロダンがここに住み、亡くなるまで過ごしたアトリエ兼住居が美術館に。美しい庭園には、代表作「地獄の門」や「考える人」などが展示されている。

●国立セーヴル製作所および陶磁器美術館
Sèvres-Manufacture et Musée Nationaux
住 2 place de la Manufacture Nationale 92310 Sèvres
駅 Métro 9番線 Pont de Sèvres駅
Tram 2番線 Musée de Sèvres駅
@ sevresmanufactureetmusee
https://www.sevresciteceramique.fr/
ルイ15世の公妾ポンパドゥール夫人（p.69）が1740年に創設し、1756年にヴェルサイユに近いセーヴルに移設させた製陶所が、現在、国立の磁器製作所に。1824年には美術館が併設され、約5万点の様々な国や時代の陶磁器コレクションを有する。

●オテル・ド・ラ・マリーヌ《地図p.85、p.99 E15》
Hôtel de la Marine
住 2 place de la Concorde 75008 Paris
駅 Métro 1・8・12番線 Concorde駅
@ hoteldelamarine
https://www.hotel-de-la-marine.paris/
ルイ15世によって建てられた王室調度品保管所だった館に、革命後海軍が入居し、オテル・ド・ラ・マリーヌ（仏／海軍館）と呼ばれるように。2015年の海軍の転居に伴い、当時の王室のきらびやかな内装を再現した博物館としてオープンした。

◆La Petite Chaise
住 36 rue de Grenelle 75007 Paris
駅 Métro 10・12番線 Sèvres−Babylone駅
https://www.alapetitechaise.fr/
ルイ14世治世下、1680年創業のパリで最も古いレストランのひとつ。近辺の平原で捕れたジビエやセーヌ河の魚などが味わえたという。

◆Lapérouse《地図p.49 E16》
住 51 quai des Grands-Augustins 75006 Paris
駅 Métro 7番線 Pont Neuf駅
RER B・C線 Saint-Michel−Notre-Dame駅
@ laperouse_paris
https://www.laperouse-paris.fr/
ルイ14世に仕えていた貴族が1766年に建てた館にあるレストラン。現在、カフェも展開している。

◆Au Petit Versailles du Marais《地図p.27 E17》
住 27 rue François-Miron / 1 Rue Tiron 75004 Paris
駅 Métro 1番線 Saint-Paul駅
@ aupetitversaillesdumarais
MOF（国家最優秀職人章）を持つ職人による「マレの小さなヴェルサイユ」と名づけられたパン屋兼お菓子屋。隣の25 rue François-Mironには、きらびやかな内装のサロン・ド・テ・マリー＝アントワネットがある。

◇Trudon《地図p.49 E18》
住 78 rue de Seine 75006 Paris
駅 Métro 10番線 Mabillon駅、4・10番線 Odéon駅
@ trudon
https://trudon.com/
ルイ14世が即位した1643年創業の蝋燭専門店。王宮、ヴェルサイユ宮殿（p.149）、教会に灯りをともし続けてきた。

◇Nina's Paris《地図p.99 E19》
住 29 rue Danielle-Casanova 75001 Paris
駅 Métro 3・7・8番線 Opéra駅
@ ninasmarieantoinette
https://www.ninasparis.com/
この茶葉専門店の前身は、1672年創業の香水や精油を製造する「フレール蒸留所」。その品質が認められ、ヴェルサイユ宮殿の御用達店となり、マリー＝アントワネット（p.69）のお気に入りとなる。のちにこの技術が茶葉に生かされ、マリー＝アントワネットゆかりの茶葉専門店として人気を博している。

◇Dammann Frères Place des Vosges
《地図p.48、p.84 E20》
住 15 place des Vosges 75004 Paris
駅 Métro 8番線 Chemin Vert駅
@ dammannfreres_officiel
https://www.dammann.fr/
ルイ14世により茶葉の独占販売権を与えられた、1692年創業の茶葉専門店。

◇À La Civette《地図p.67、p.85、p.99 E21》
住 157 rue Saint-Honoré 75001 Paris
駅 Métro 1・7番線
Palais Royal−Musée du Louvre駅
https://alacivette.com/
1716年に創業したパリ最古のタバコ屋。1754年にオルレアン公ルイ・フィリップ1世と妃に「パリで一番のタバコ」と評価され、その名が広まったとか。

◇Stohrer
p.117
住 51 rue Montorgueil 75002 Paris
駅 Métro 3番線 Sentier駅
4番線 Étienne Marcel駅
@ stohrer
https://stohrer.fr/
1730年に創業のパリで一番古いお菓子屋。この店の創業者で菓子職人のニコラ・ストレールは、元ポーランド王でロレーヌ公となったマリー・レグザンスカ（p.74）の父に仕えたのちに、ヴェルサイユ宮殿にてルイ15世とマリーに仕えた人物。

◇À la Mère de Famille《地図p.99 E22》
住 35 rue du Faubourg-Montmartre 75009 Paris
駅 Métro 7番線 Le Peletier駅
8・9番線 Grands Boulevards駅
@ alameredefamille
https://www.lameredefamille.com/
クロミエ出身の若者が始めた、1761年創業のパリで一番古いショコラティエ＆コンフィズリー（仏／砂糖菓子店）。現在、パリに10店舗以上展開しているが、ここが創業の地。外観や床のタイル、ガラスの商品ケースなど当時のままの佇まいは、お菓子の博物館のよう。

革命

[朝食]
★Cour des Vosges
p.144《地図 p.48 R16》
ホテルのサロン・ド・テ

★Brigat'
p.144《地図 p.48 R17》
パン・菓子店

★Café Hugo
p.52《地図 p.48 ①》
カフェ

[ランチ]
★Le Petit Célestin《地図 p.84 R28》
カフェ・レストラン〈ビストロ〉
住 12 quai des Celestins 75004 Paris
電 01 42 72 20 81
時 12:00 ～ 22:30（火19:30 ～ 22:30）
休 月、火曜のランチ
@ lepetitcelestin
https://www.lepetitcelestin.fr/

★Le Temps des Cerises《地図 p.84 R29》
カフェ・レストラン〈ビストロ〉
住 31 rue de la Cerisaie 75004 Paris
電 01 42 72 08 63
時 8:30 ～ 24:00
@ tempsdescerises
http://letempsdescerises-restaurant.fr/

[お茶の時間]
★Ritz Paris Le Comptoir《地図 p.85 R30》
ホテルの菓子店、サロン・ド・テ
住 38 rue Cambon 75001 Paris
電 01 43 16 30 26
時 8:00 ～ 19:00
休 日
@ ritzparislecomptoir
https://www.ritzparislecomptoir.com/fr

[ディナー]
★Allard
p.143《地図 p.26 R11》
レストラン〈ビストロ〉

★Brasserie Des Prés
p.143《地図 p.26 R10》
ネオブラッスリー

[関連スポット]
◆Pavillon Ledoyen《地図 p.119 E23》
住 8 avenue Dutuit 75008 Paris
駅 Métro 1・13番線 Champs-Élysées－Clemenceau駅
https://www.yannick-alleno.com/fr/restaurants-reservation/pavyllon.html
創業1792年の最初にアラカルトでの提供を始めたレストラン。現在は、ミシュランガイド2023年版3つ星店。

◆La Jacobine《地図 p.26、p.85 E24》
住 59-61 rue Saint-André-des-Arts 75006 Paris
駅 Métro 4・10番線 Odéon駅
@ lajacobine
店名の「ラ・ジャコビンヌ」はジャコバン派（p.87）の女性の意。革命の名場面を描いた連作が店内に飾られたサロン・ド・テ。

近代

[朝食]
★Le Café de l'Époque《地図 p.99 R31》
カフェ
住 2 rue du Bouloi 75001 Paris
電 01 73 71 61 02
時 7:00 ～ 24:00
https://cafedelepoque.fr/

★Café Blanc《地図 p.99 R32》
カフェ
住 10 rue Croix-des-Petits-Champs 75001 Paris
電 01 42 33 55 85
時 7:00 ～深夜2:00
@ le_cafeblanc
https://lecafeblanc.com/

[ランチ]
★Le Petit Vendôme《地図 p.99 R33》
ワインバー〈ビストロ〉
住 8 rue des Capucines 75002 Paris
電 01 42 61 05 88
時 8:00 ～深夜2:00（月8:00 ～ 16:30）
土10:00 ～深夜2:00
休 月曜のディナー、日
@ le_petit_vendome
https://lepetitvendome.fr/

[お茶の時間]
★Coutume Café Babylone《地図 p.98 R34》
コーヒーショップ
住 47 rue de Babylone 75007 Paris
電 09 88 40 47 99
時 8:30 ～ 17:30、土・日 9:00 ～ 18:00
@ coutumecafe
https://www.coutumecafe.com/content/25-coffee-shop-coutume-babylone-paris-7

[ディナー]
★Le Bougainville《地図 p.99 R35》
カフェ〈ビストロ〉
住 5 rue de la Banque 75002 Paris
電 01 42 60 05 19
時 8:00 ～ 24:00、土・日 10:00 ～ 24:00
@ lebougainville
https://bougainville-restaurant.fr/

★Le Grand Colbert《地図 p.99 R36》
ブラッスリー
住 2 rue Vivienne 75002 Paris
電 01 42 86 87 88
時 12:00 ～ 24:00
@ legrandcolbert
https://www.legrandcolbert.fr/

★Le Gavroche Bar à vins《地図 p.99 R37》
ワインバー〈ビストロ〉
住 19 rue Saint-Marc 75002 Paris
電 01 42 96 89 70
時 8:00 ～深夜2:00、土16:00 ～深夜2:00
休 土曜のランチ、日
@ legavroche75002

［関連スポット］

●コンピエーニュ城
Château de Compiègne
住 Place du Général-de-Gaulle 60200 Compiègne
駅 Gare du Nord発 TER Gare de Compiègne駅
@ chateaudecompiegne
https://chateaudecompiegne.fr/
ルイ15世とルイ16世（共にp.69）によって建てられ、ナポレオン1世（p.100）、ナポレオン3世（p.101）によって増改築された城。王室・皇室のアパルトマン、第二帝政博物館、皇后博物館、国立自動車博物館が入っている。

●マルメゾン城
Château de Malmaison
住 12 avenue du Château de la Malmaison
92500 Rueil-Malmaison
駅 Métro 1番線・RER A線 La Défense駅下車
バス 258番線（La Jonchère行き）に乗り
École La Malmaison下車
@ chateaumalmaison
https://musees-nationaux-malmaison.fr/chateau-malmaison/
ナポレオン1世の皇后ジョゼフィーヌ（p.100）の館。ナポレオンやジョゼフィーヌが過ごした室内を見学できる。敷地内にはジョゼフィーヌが情熱を注いだバラの庭園もある。

●ペール・ラシェーズ墓地
Cimetière du Père-Lachaise
住 16 rue du Repos 75020 Paris
駅 Métro 2番線 Philippe Auguste駅
2・3番線 Père Lachaise駅
https://pere-lachaise.com/
ナポレオン1世の命により、建築家アレクサンドル＝テオドール・ブロンニャール（p.113）によって設計されたパリ最大の墓地。エロイーズとアベラール（p.41）、ドラクロワやショパンなど数々の偉人・著名人が眠る。

●サン・マルタン運河
Canal Saint-Martin
住 Canal Saint-Martin 75010, 75011 Paris
駅 Métro 3・5・8・9・11番線 République駅
ナポレオン1世の命により、パリに清潔な飲用水をもたらすために敷設された、セーヌ河とパリ北東のウルク運河をつなぐ運河。

●ヴィクトル・ユゴー記念館《地図p.48、p.84 E25》
Maison de Victor Hugo
住 6 place des Vosges 75004 Paris
駅 Métro 1・5・8番線 Bastille駅
@ maisonsdevictorhugo
https://www.maisonsvictorhugo.paris.fr/
『レ・ミゼラブル』や『ノートルダムのせむし男』の作者、また政治家としても活躍したヴィクトル・ユゴーが一時期家族と暮らしたアパルトマン。部屋ごとに趣向の異なる装飾も見どころ。

●オランジュリー美術館
Musée de l'Orangerie
住 Jardin des Tuileries（セーヌ河側）75001 Paris
駅 Métro 1・8・12番線 Concorde駅
@ museeorangerie
https://www.musee-orangerie.fr/
ナポレオン3世がチュイルリー庭園（p.144）にあったオランジュリー（仏／オレンジ栽培用の温室）を改築した建物が20世紀に美術館となる。クロード・モネの代表作「睡蓮」など主に印象派（p.120）の絵画コレクションが展示されている。

●ボン・マルシェ百貨店
Le Bon Marché Rive Gauche
住 24 rue de Sèvres 75007 Paris
駅 Métro 10・12番線 Sèvres－Babylone駅
@ lebonmarcherivegauche
https://www.lebonmarche.com/
1852年創業の世界最古の百貨店。鉄骨とガラスを生かした建物は1869年に建てられ、建築にはギュスターヴ・エッフェル（p.127）が関わる。1915年の火災後にアール・デコ（p.128）様式で再建された。ボン・マルシェ百貨店成功ののち、プランタン・オスマン（1865年）、サマリテーヌ（1869年 創業者エルネスト・コニャック、p.74 / 地図p.49、p.85 E26）、ギャルリー・ラファイエット（1894年）と、百貨店の開業が続いた。

●ル・グラン・オテル《地図p.99 E27》
Le Grand Hôtel
住 2 rue Scribe 75009 Paris
駅 Métro 3・7・8番線 Opéra駅
@ icparislegrand
https://parislegrand.intercontinental.com/
ナポレオン3世が1867年のパリ万博で各国貴賓を受け入れるために建てさせたホテル。オペラ座の設計者シャルル・ガルニエ（p.105）が内装を手がける。現在の名称はインターコンチネンタル・パリ・ル・グラン。

◆Polidor《地図p.85 E28》
住 41 rue Monsieur-le-Prince 75006 Paris
駅 Métro 4・10番線 Odéon駅
RER B線 Luxembourg駅
@ polidor_restaurant
https://www.polidor.com/
1845年創業。庶民に愛される大衆食堂。アーネスト・ヘミングウェイやジェイムズ・ジョイスら作家が常連だった。

◇Debauve et Gallais
p.117
住 30 rue des Saints-Pères 75007 Paris
駅 Métro 4番線 Saint-Germain-des-Prés駅
@ debauveetgallais
https://debauve-et-gallais.fr/
1800年創業。ルイ16世の王室薬剤師シュルピス・ドゥボーヴと甥のジャン＝バティスト・ガレが開いた歴史あるチョコレート店。

◇Boutique de l'Assemblée Nationale
《地図p.98 E29》
住 7 rue Aristide-Briand 75007 Paris
駅 12番線 Assemblée Nationale駅
https://boutique.assemblee-nationale.fr/
国会議事堂のオリジナルグッズやフランスらしいお土産をとり揃えたお店。ユニークで洒落たものが見つかる。

世紀末

[朝食]

★Maison Julien《地図 p.119 R38》
パン・菓子・惣菜店
住 73 avenue Franklin-D.-Roosevelt 75008 Paris
電 01 43 59 78 76
時 7:00 ～ 20:30、土・日 8:00 ～ 20:00
@ maisonjulien
https://www.maisonjulien.com/

★Ô Saint-Honoré《地図 p.119 R39》
パン・菓子店
住 97 rue du Faubourg-Saint-Honoré 75008 Paris
電 01 42 66 69 51
時 7:00 ～ 19:30
休 土、日

[ランチ]

★Little Davoli Caffè Ristorante《地図 p.118 R40》
カフェ・レストラン〈イタリア〉
住 41 rue Cler 75007 Paris
電 01 45 51 23 41
時 8:30 ～ 22:30、日 8:30 ～ 15:00
休 日曜のディナー
https://www.davoli.fr/content/13-le-caffe-ristorante

★Le P'tit Troquet《地図 p.118 R41》
レストラン〈ネオビストロ〉
住 28 rue de l'Exposition 75007 Paris
電 01 47 05 80 39
時 12:00 ～ 14:00、19:00 ～ 23:00
月 19:00 ～ 23:00、金 12:00 ～ 14:00 ／
18:30 ～ 23:00、土 18:30 ～ 23:00
休 月・土曜のランチ、日
@ leptittroquet
https://www.leptittroquet.fr/

★La Fontaine de Mars《地図 p.118 R42》
レストラン〈ビストロ〉
住 129 rue Saint-Dominique 75007 Paris
電 01 47 05 46 44
時 12:00 ～ 15:00、19:00 ～ 23:00
土・日 12:00 ～ 15:30、19:00 ～ 23:00
@ lafontainedemars
https://www.fontaine-de-mars.com/

[ディナー]

★Le Petit Josselin《地図 p.119 R43》
レストラン〈クレープ〉
住 59 rue du Montparnasse 75014 Paris
電 01 43 22 91 81
時 12:00 ～ 14:30、18:30 ～ 23:00
休 日
@ creperielepetitjosselin
https://www.creperielepetitjosselin.fr/

★La Crêperie de Josselin《地図 p.119 R44》
レストラン〈クレープ〉
住 67 rue du Montparnasse 75014 Paris
電 01 43 20 93 50
時 11:30 ～ 23:00
火 17:30 ～ 23:00、日 11:30 ～ 22:30
休 月、火曜のランチ

★Wadja《地図 p.119 R45》
レストラン〈ネオビストロ〉
住 10 rue de la Grande-Chaumière 75006 Paris
電 01 46 33 02 02
時 12:00 ～ 14:00、19:30 ～ 22:30
休 土、日
@ wadjarestaurant
https://www.wadja.fr/

[関連スポット]

●モンマルトル美術館《地図 p.11 E30》
Musée de Montmartre
住 12-14 rue Cortot 75018 Paris
駅 Métro 12番線 Abbesses駅・
Lamarck－Caulaincourt駅
@ museedemontmartre
https://www.museedemontmartre.fr/
17世紀から18世紀に建てられた3つの館からなる美術館。常設展、企画展の他、モーリス・ユトリロや彼の母で画家のシュザンヌ・ヴァラドンのアトリエ兼アパルトマンなど、世紀末の画家たちの暮らしぶりがしのばれる展示も見どころ。

●マルモッタン・モネ美術館
Musée Marmottan Monet
住 2 rue Louis-Boilly 75016 Paris
駅 Métro 9番線 La Muette駅
@ museemarmottanmonet_
https://www.marmottan.fr/
19世紀の実業家ポール・マルモッタンの邸宅に、ナポレオン1世時代の家具や調度品のコレクション他、印象派（p.120）の語源になったクロード・モネの「印象・日の出」など、モネの作品が多く展示されている。

●ムーラン・ルージュ
Moulin Rouge
住 82 boulevard de Clichy 75018 Paris
駅 Métro 2番線 Blanche駅
@ moulinrougeofficiel
https://www.moulinrouge.fr/
赤い風車という意の、エッフェル塔（p.127）と同じ1889年創業の高級キャバレー。画家トゥールーズ＝ロートレックが通い、ダンサーの絵やポスターを描いたキャバレーとしても知られる。

●セーヴルの門《地図 p.26 E31》
La Porte de Sèvres
住 Square Félix-Desruelles
168 bis boulevard Saint-Germain 75006 Paris
駅 Métro 4番線 Saint-Germain-des-Prés駅
https://www.paris.fr/lieux/square-felix-desruelles-2456
サン・ジェルマン・デ・プレ大通り沿いにあるフェリックス・デルエル小公園内に、1900年の万国博覧会（p.121）のフランス製品のパヴィリオンのために制作されたセーヴル焼（p.147）の門が置かれている。

●ギマール館
Hôtel Guimard
住 122 avenue Mozart 75016 Paris
駅 Métro 9・10番線 Michel-Ange－Auteuil駅
1909年築、アール・ヌーヴォーを代表する建築家エクトール・ギマール（p.129）の自宅兼アトリエ。ダイニングルームの木製装飾と家具はプティ・パレ（p.123）に寄贈され、再現された室内が展示されている。

●パレ・ド・トーキョー《地図p.118 E32》
Palais de Tokyo
住 13 avenue du Président-Wilson 75116 Paris
駅 Métro 9番線 Iéna駅
I @ palaisdetokyo
https://palaisdetokyo.com/
1937年の国際博覧会に合わせて近代美術館として建てられたアール・デコ(p.128) 建築。第一次世界大戦で日本が同盟国になった記念に東京大通りと名づけられた道沿いにあったためパレ・ド・トーキョー(仏／東京宮) と呼ばれるように。屋外にはアントワーヌ・ブールデルの彫刻がある。

◆ Maxim's de Paris《地図p.85、p.99 E33》
住 3 rue Royale 75008 Paris
駅 Métro 1・8・12番線 Concorde駅
I @ maxims.de.paris
https://maxims-de-paris.com/
1893年創業のアール・ヌーヴォー(p.126)を代表するレストラン。アール・ヌーヴォー美術館が併設されており、訪れる際にはオンラインから予約する(現在、美術館は閉鎖中)。

◆ Bouillon Chartier
住 7 rue du Faubourg-Montmartre 75009 Paris
駅 Métro 8・9番線 Grands Boulevards駅
I @bouillonchartier
https://www.bouillon-chartier.com/
1896年創業の古きよき時代の雰囲気を残す広い大衆食堂。現在、ここの他に2店舗を展開し、モンパルナス店(59 boulevard du Montparnasse 75006 Paris、地図p.119 R46)はアール・ヌーヴォー調のインテリアでまとめられている。

◆ Le Train Bleu
住 Gare de Lyon 75012 Paris
駅 Métro 1・14番線
RER A・D線 Gare de Lyon駅
I @ restaurantletrainbleu
https://www.le-train-bleu.com/
当時、南仏にヴァカンスに向かうパリの上流階級の人々が利用していたリヨン駅。駅構内にあるこのレストランは、1900年の万国博覧会のときに造られ、パヴィリオンとして利用されたあと、1901年にレストランとしてオープンした。ベル・エポック(p.121) に描かれた豪華絢爛な壁画や内装は宮殿にいるよう。

◆ Angelina Paris《地図p.99 E34》
住 226 rue de Rivoli 75001 Paris
駅 Métro 1番線 Tuileries駅
I @ angelina_paris
https://www.angelina-paris.fr/
創業1903年のベル・エポック調の内装が美しいサロン・ド・テ。モン・ブランとホットチョコレートがおいしいことで有名。

◆ La Coupole p.131《地図p.119》
住 102 boulevard du Montparnasse 75014 Paris
駅 Métro 4番線 Vavin駅
4・6・12・13番線 Montparnasse－Bienvenüe駅
I @ la_coupole_paris
https://www.lacoupole-paris.com/
創業1927年のアール・デコ調の内装が素敵なレストラン。牡蠣などの海の幸の盛り合わせからシュークルートまで典型的なブラッスリーらしい料理が味わえる。

現代

[関連スポット]

●カルティエ現代美術財団
Fondation Cartier pour l'Art Contemporain
住 261 boulevard Raspail 75014 Paris
駅 Métro 4・6番線 Raspail駅
I @ fondationcartier
https://www.fondationcartier.com/
1984年にカルティエ会長アラン＝ドミニク・ペランによってヴェルサイユ近郊に創設された同財団(p.135) が、1994年にラスパイユ大通りにアートセンターを開館。建築はジャン・ヌーヴェル、エントランスの緑化壁はケ・ブランリ美術館(p.140) 別棟の壁も手がけたパトリック・ブランによるもの。企画展のみ。

●イヴ・サン＝ローラン美術館
Musée Yves Saint Laurent Paris
住 5 avenue Marceau 75116 Paris
駅 Métro 9番線 Alma－Marceau駅
https://museeyslparis.com/
サン＝ローランにオートクチュールを注文できる顧客しか入れなかった高級住宅地の邸宅がそのまま美術館に。サン＝ローランのアトリエが展示室になっている他、彼がデザインした服飾の企画展などを行っている。

●ラ・ファブ(アニエス・ベー)
La Fab.
住 Place Jean-Michel-Basquiat 75013 Paris
駅 Métro 14番線・RER C線
Bibliothèque François Mitterrand 駅
Métro 6番線 Quai de la Gare 駅
I @ la_fab_officiel
https://la-fab.com/
13区の再開発地区の中の一角に、創業者アニエス・トゥルブレが自身の審美眼でコレクションした写真、絵画や彫刻などが展示されている。

●ル・ディズヌフ・エム(シャネル)
Le 19 M
住 2 place Skanderbeg 75019 Paris
駅 Tram 3b番線 Porte d'Aubervilliers駅
I @ le19m
https://www.le19m.com/
19区の大きなギャラリーに、刺繍や帽子、造花、金細工などといったシャネルブランドを支える職人のアトリエが集結。予約制で作業体験もできる。

●ラ・ギャルリー・ディオール
La Galerie Dior
住 11 rue François-Ier 75008 Paris
駅 Métro 1・9番線 Franklin D. Roosevelt駅、
9番線 Alma－Marceau駅
https://www.galeriedior.com/
1946年にクリスチャン・ディオールが立ち上げた本店横にオープンした、ディオールの歴史や作品を一望できる美術館。クリスチャン・ディオールだけでなく、彼の跡を継いだ6人のデザイナーたちの作品がテーマごとに展示されている。

パリ歴史年表

	本書区分	時代	人物 （統治者は在位期間）	出来事	日本
紀元前 3世紀以前		前1300- ケルト			前1万4千年頃～ 前5-前3世紀 縄文
紀元前3世紀				紀元前3世紀 ルテティアの建設	
紀元前2世紀		前3-前1世紀 ガリア			
紀元前1世紀	紀元前1～5世紀 **古代**			紀元前58-51 ガリア戦争 紀元前52 アレシアの戦い	前5-前3世紀～ 3世紀中頃 弥生
1世紀					
2世紀					
3世紀		前1世紀-5世紀 ガロ・ロマン	250年頃 サン・ドニ処刑		
4世紀				380 ローマ帝国キリスト教国教化	3世紀中頃～ 7世紀頃 古墳
5世紀		**〈フランク王国〉** 481-751 メロヴィング朝		451 フン族パリに迫る	
6世紀			481-511 クロヴィス1世 512年頃 サント・ジュヌヴィエーヴ死去		
7世紀					592 ～ 710 飛鳥
8世紀		751-987 カロリング朝	768-814 シャルルマーニュ （カール大帝）	799-1014 ヴァイキング侵略	710 ～ 794 奈良
9世紀	5世紀～1453年 **中世**				
10世紀			987-996 ユーグ・カペー		794 ～ 1185 平安
11世紀					
12世紀		**〈フランス王国〉** 987-1328 カペー朝	1180-1223 フィリップ2世 （フィリップ・オーギュスト）	1095-1291 十字軍	
13世紀			1226-1270 ルイ9世（サン・ルイ） 1285-1314 フィリップ4世		1185 ～ 1333 鎌倉
14世紀			1364-1380 シャルル5世	1337-1453 百年戦争	
15世紀			1422-1461 シャルル7世 1431 ジャンヌ・ダルク火刑	1347-49 黒死病流行	
16世紀	1453年～1610年 **ルネサンス**	1328-1589 ヴァロワ朝	1515-1547 フランソワ1世 1547-1559 アンリ2世 1589-1610 アンリ4世	1494-1559 イタリア戦争 1562-1598 宗教戦争 （ユグノー戦争）	1336 ～ 1573 室町 1573 ～ 1603 安土桃山

	本書区分	時代	人物 （統治者は在位期間）	出来事	日本
17世紀	1610年～1789年 **近世**	1589-1792 ブルボン朝	1610-1643 ルイ13世 1643-1715 ルイ14世	1618-1648 三十年戦争	1603～1868 江戸
18世紀			1715-1774 ルイ15世 1774-1792 ルイ16世	1701-1714 スペイン継承戦争	
	1789年～1799年 **革命**	1791-1792 立憲王政 **〈フランス共和国〉** 1792-1804 第一共和政	1793 ルイ16世、マリー＝アントワネット処刑	1789 フランス革命 1793-94 恐怖政治	
19世紀	1799年～1870年 **近代**	**〈フランス帝国〉** 1804-1814 第一帝政	1804-1814 ナポレオン1世		
		〈フランス王国〉 1814-1830 復古王政	1814-1824 ルイ18世	1815 百日天下	
		1830-1848 七月王政	1830-1848 ルイ＝フィリップ	1830 七月革命	
		〈フランス共和国〉 1848-1852 第二共和政		1848 二月革命	
		〈フランス帝国〉 1852-1870 第二帝政	1852-1870 ナポレオン3世	1870-1871 普仏戦争	1868～1912 明治
20世紀	1870年～1945年 **世紀末**から20世紀	**〈フランス共和国〉** 1870-1940 第三共和政		1871 パリ・コミューン	
				1914-1918 第一次世界大戦	1912～1926 大正
		1946-1958 第四共和政		1939-1945 第二次世界大戦	
	1945年～ **現代**	1958- 第五共和政	1959-1969 シャルル・ド・ゴール 1969-1974 ジョルジュ・ポンピドゥー 1974-1981 ヴァレリー・ジスカール＝デスタン		1926～1989 昭和
21世紀			1981-1995 フランソワ・ミッテラン 1995-2007 ジャック・シラク		1989～2019 平成

✵ 本書のコースをより楽しむために

☞ 交通機関で

⚜ 本書のコースでは、一部にMétro（メトロ｜地下鉄）かRER（エール・ウー・エール｜イル・ド・フランス地域圏急行鉄道網）などを利用します。古代は2回（うち1回はケーブルカー）、中世は1回、ルネサンスは2回、近世は3回、革命は2回、近代は2回、世紀末は1回、計13回のこれらによる移動がありますので、1枚ずつ購入するよりもかなりお得なCarnet（カルネ｜10枚の回数券）を購入することをおすすめします。

⚜ パリではチケットのペーパーレス化が進み、カルネも事前にNavigo Easy（ナヴィゴ・イージー｜パリ版交通系ICカード）を購入し、チャージをするシステムに変わりました。

Navigo Easyは購入の際、証明写真や個人情報の記載も不要で10年間有効です。

Navigo Easyの買い方

⚜ Navigo Easyは自動券売機での販売は行っておらず、駅構内のServicesと書かれた人がいる窓口でしか購入することができません。

⚜ 窓口でNavigo Easyを購入し（2€）、窓口近くにある自動発券機でチャージをします。また、Île-de-France Mobilités（イル・ド・フランス地域圏交通連合https://www.iledefrance-mobilites.fr/）のアプリケーションをダウンロードすれば、スマートフォンでチャージも可能です。

⚜ 自動券売機は必ず英語に対応しています。また、自動券売機は現金が使えるものが少なく、クレジットカード対応型がほとんど。タッチ決済も普及しています。

Navigo Easyの使い方

⚜ 改札にある紫色の部分にカードをタッチして改札を通ります。タッチ部分近くにある小さな画面にチケットの残数が表示されます。

⚜ メトロの場合、出るときに改札機にタッチをする必要はありませんが、RERなどはタッチをする必要があります。

☞ 美術館 博物館などで

⚜ オンラインによる事前予約をおすすめします。オフィシャルサイトからオンラインチケット購入のリンクに入り、チケットの種類（常設展か、企画展か、その両方かなど）を選びます。人数と料金の種類（大人料金か、子供料金かなど）を選び、訪問する日時を選択します。購入するチケットが確定したら、名前やメールアドレスなどを入力し支払いへ。支払い完了後、チケットの代わりとなるバーコードやQRコードが入ったメールが届きますので、当日はそれを提示して入館します。

⚜ 入館の際に荷物検査があり、その後チケットを提示（または購入）します。シーズンや時間帯によっては、オンライン予約をしていても、かなり並ばなければならない場合もありますのでご了承ください。

⚜ 無料の場合でも、チケットを受けとる必要があるところがあります。

⚜ 大きな荷物やリュックサック、傘、食べ物などは持ち込み禁止です。Vestiaire（クローク）に預けましょう。

⚜ 撮影可・不可は、施設また作品によっても異なります。撮影可の場合でも、フラッシュ撮影、自撮り棒や三脚での撮影は禁止です。

☞ 教会で

マナーについて

- ⚜ 肌の露出の多い洋服は控え、教会内では帽子やサングラスはとりましょう。
- ⚜ 教会内では静かにしましょう。特に日曜の朝はミサが行われている場合が多いので、信者のお祈りのじゃまにならないように見学しましょう。
- ⚜ ほとんどの教会内の撮影は可能ですが、美術館等と同様に、フラッシュ撮影、自撮り棒や三脚での撮影は禁止です。

献金について

- ⚜ パリの教会は基本、拝観料をとりません。教会を訪れた際には、感謝の気持ちを込めて拝観料の代わりに献金をすることをおすすめします。その献金が教会の修復費や維持費に充てられるのです。
- ⚜ Offerteと書かれた献金箱にお金を入れるか、蝋燭を買って奉納するという方法があります。また、最近ではクレジットカードによる献金ができる教会も増えています。なお、フランスではカードでのタッチ決済が普及しているため、献金用の機械（a）もタッチ決済対応になっているところが多く見られます。

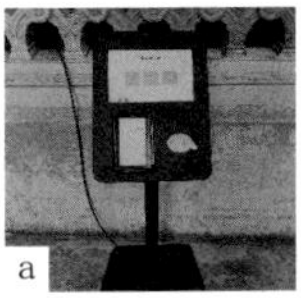

a

教会内に設置してある
カード決済機。

☞ 食事や お茶をする

飲食店について

- ⚜ 本書でご紹介している飲食店のジャンルは、カフェ（コーヒーやアルコール、軽食、食事を提供）、サロン・ド・テ（お菓子やスイーツが充実したティールーム）、コーヒーショップ（サードウェーブコーヒー系のカフェ）、ビストロ（フランス伝統料理・家庭料理を提供するレストラン）、ネオビストロ（今風のアレンジを加えたお洒落なビストロ）、バー・ア・ヴァン（ワインバー、ワインとシェアできる料理が充実）、ブラッスリー（カフェとほぼ同形態の飲食店。基本いつ行っても食事ができる）、ネオブラッスリー（今風のアレンジを加えたお洒落なブラッスリー）など多岐にわたります。
- ⚜ 飲食店のデータ欄には定休日のみを載せています。それ以外でも、5/1、7/14、８月前後の３～４週間、11/1、12/24 ～ 1/1は休みの可能性がありますのでご注意ください。

飲食店の予約について

- ⚜ 予約をとらないお店以外は、予約をしておくことをおすすめします。オンライン予約の際には、メールアドレスと携帯番号（日本の携帯番号が入力できない場合は、滞在先のホテルの電話番号で）の入力も必要です。お店によっては、予約の際に支払いもしなければならないところ、デポジットとしてクレジットカード情報の入力を要求されるところもあります。予約が完了すると、登録したメールアドレスに予約完了のメールが送られてきます。そして、前日に再度、来店かキャンセルかを確認するメールが届きますので、必ずそれに返信します。
- ⚜ ホテルの人に予約のお願いをしてもよいでしょう。飲食店情報と予約内容を書いたメモを用意し、フロントの人に見せ、下記のように伝えます。

私の代わりにこのレストランを予約してもらえますか？
Est-ce que vous pouvez réserver ce restaurant de ma part?
エス・ク・ヴー・プヴェ・レゼルヴェ・ス・レストラン・ド・マ・パール？

〈予約メモの内容例〉

店名　○○○○○
店の電話番号　●●●●

日にち　Le 11/11/2024
時間　20：00
人数　2 couverts
名前　Mme YAMAMOTO

日にちは、日、月、年の順で、日本と逆になります。
昼1:00は13:00、夜8:00は20:00と書きましょう。
人数が１人の場合はcouvertとなります。

朝食について

⚜ 朝食のサーヴィスはオープン時間に始まってランチ（12時）の少し前で終わります。フランスの典型的な朝食セットはパン＋温かい飲み物＋ジュースです。どのお店にも、この朝食セットはあり、セットの中に卵料理やヨーグルトなどの乳製品が含まれていたり、これらをアラカルトで注文できたりします。なお、土曜、日曜は、朝食の代わりにブランチを提供するお店が増えています。

⚜ パンはタルティーヌ（縦半分に切った焼かないバゲットにバターがつく）やヴィエノワズリー（クロワッサンやパン・オ・ショコラなど、お菓子のようにリッチなパン）、トースト（パンの種類はいろいろでバターがつく）が一般的で、コンフィチュール（ジャム）がつかない場合は、頼めばつけてくれます（有料の場合がほとんど）。

⚜ 温かい飲み物は、カフェ（コーヒー）、カフェ・クレーム（ミルクコーヒー）、ショコラ・ショー(ホットチョコレート)、テ（お茶）などがあります。コーヒーは濃いエスプレッソが一般的で、日本の濃さのコーヒーを希望する場合は、カフェ・アロンジェ（エスプレッソを薄めたもの）を頼みましょう。お茶には無料で、ミルクやレモンがつけられます。

ランチとディナーについて

⚜ ランチは大体12時から14時半まで、ディナーは大体19時から22時半までです。ランチやディナータイムにお茶だけ飲むことは基本できません。予約なしで来店する場合は、お店のオープン時間ちょうどに行くと入れる可能性が大きいです。

⚜ レストランはコース式で、前菜、メイン、デザート（デザートの中にチーズが含まれることも）に分かれています。セットにするとお得になる場合が多く「前菜＋メイン」または「メイン＋デザート」という組み合わせか、「前菜＋メイン＋デザート」という組み合わせになります。前菜だけやメインだけのアラカルトのオーダーも、基本的に可能です。また、アラカルトしかない、逆にセットでしか注文できない、ランチとディナーで内容や値段が変わるなど、システムはお店によって異なります。

⚜ カフェやサロン・ド・テは、キッシュやサラダプレートなどの軽食やワンプレート料理が充実。また、近年増えているコーヒーショップでは、お洒落でヘルシーなフュージョン料理を提供しています。

⚜ Suggestion du jour / Suggestion du chef（本日のおすすめ）は、旬の食材を使った料理が多いのでチャレンジしてみてはいかがでしょうか。

☞ トイレについて

⚜ トイレがあるのは、一般的に飲食店、百貨店、電車が乗り入れる大きな駅、美術館などの文化施設です。有料もしくはチップ制という場合も。トイレがあるスポットはデータ欄に記載しています（飲食店や文化施設はあるので記載なし）。

参考文献

饗庭孝男編『パリ 歴史の風景』山川出版社 1997
アザン、エリック著 杉村昌昭訳『パリ大全』以文社 2013
石井洋二郎著『パリ - 都市の記憶を探る』ちくま書房 1997
ヴァルノ、アンドレ著 北澤真木訳『パリ風俗史』講談社 1999
宇多英男著『誰がパリをつくったか』朝日新聞社 1994
佐々木真著『図説 フランスの歴史』河出書房新社 2011
佐藤賢一著『カペー朝 フランス王朝史1』講談社 2009
佐藤賢一著『ヴァロワ朝 フランス王朝史2』講談社 2014
塩野七生著『ルネサンスとは何であったのか』新潮社 2008
高階秀爾著『フランス絵画史』講談社 1990
高階秀爾監修『西洋美術史』美術出版社 1990
ダンセル、ミシェル著 蔵持不三也訳『図説パリ歴史物語＋パリ歴史小事典 上・下』原書房 1991
中島智章著『図説パリ 名建築でめぐる旅』河出書房新社 2008
成瀬治ほか監修『山川 世界史総合図録』山川出版社 2007
福井憲彦編『新版 世界各国史 12フランス史』山川出版社 2001
ブレスク、ジュヌヴィエーヴ著 高階秀爾監修 遠藤ゆかり訳『ルーヴル美術館の歴史』創元社 2004
松葉一清著『パリの奇跡 - 都市と建築の最新案内』朝日新聞社 1998
三宅理一著『パリのグランド・デザイン』中央公論新社 2010

BIBLIOGRAPHIE

COMBEAU Yvan, *Histoire de Paris*, Presses Universitaires de France, 2013.
DE AYALA Roselyne, *Dictionnaire Historique de Paris*, Le Livre de Poche, 2013.
DEUTSCH Lorànt, *Métronome*, Michel Lafon, 2009.
DODELLER Sylvie, *Promenons-nous à Paris*, Parigramme, 2012.
FAVIER Jean, *Paris: Deux mille ans d'histoire*, Fayard, 1997.
GUIGON Catherine, *Ces Objets qui Racontent Paris*, Parigramme, 2014.
HILLAIRET Jacques, *Dictionnaire historique des rues de Paris*, Editions de Minuit, 1985.
LEMONIER Marc, HOURCADETTE Claudine, *Paris fais-nous peur*, Christine Bonneton, 2010.
LESBROS Dominique, *Curiosités de Paris*, Parigramme, 2012.
LESBROS Dominique, *Secrets & curiosités des monuments de Paris*, Parigramme, 2014.
NICAISE Célita, *Les Rois de France*, Hachette Collections, 2006.
RAULT Françoise, FONTAINE Lucie, GANDIOL Aude, *Guide Vert Paris*, Michelin, 2014.
STÉPHANE Bernard, *Petite et grande histoire des rues de Paris*, Albin Michel, 1998.
THORAVAL Anne, *Promenades sur les lieux de l'Histoire*, Parigramme, 2004.
VAREJKA Pascal, *Paris Promenades dans le centre historique*, Parigramme, 2010.

Site Officiel de la Ville de Paris（パリ市公式サイト） https://www.paris.fr/
Site Officiel de l'Office de Tourisme de Paris（パリ観光局公式サイト） https://parisjetaime.com/

おわりに

パリ2000年の歴史を紡ぐ担い手は
古代ローマ、キリスト教、王、皇帝、大統領
そして実業家の時代へと移り変わりましたが
荘厳な教会、華麗な宮殿、最新鋭の建築は
歴史に名を残さない無数の人々が
線を引き、岩を砕き、鉄骨を引き上げ
気の遠くなるような作業を繰り返して造り上げたもの。
その街に暮らした人々の悲しみや怒り
喜びや笑いにあふれた生死の記憶も
街の片隅にひっそりと刻み込まれています。
パリを歩くと、そんな人々の形なき姿が見え
音なき声が聞こえてくる。
通りを曲がると、彼らと同じ景色を目にし
食事をすると、彼らと同じ土地の恵みを堪能できる。
切実な祈りの中を進む厳かな宗教行列や
いにしえの王家が催す華やかな祝祭パレード
熱き革命が吹き荒れる混沌の現場に
時空を超えて居合わせることができる。
本書がそんな旅のお供になれば
著者としてこれよりうれしいことはありません。
どうぞパリの歴史に満ち満ちた
おいしい時間旅行を！
Bon voyage et Bon appétit ！

FLUCTUAT NEC MERGITUR

たゆたえど沈まず

セーヌ河に浮かぶ帆船の図案に
標語「たゆたえど沈まず」が掲げられたパリ市の紋章。
歴史の荒波にもまれて揺れることはあっても決して沈むことなく
歴史を刻み続けるパリに敬意と感謝を込めて。

森田けいこ　Keiko Morita

文筆家

慶應義塾大学総合政策学部卒、同大学院文学研究科修了、文学修士。スタンフォード大学、ボストン大学院言語学科留学。2003年からパリ在住。ルーヴル美術館管轄の国立高等教育機関エコール・ド・ルーヴルで、西洋美術史、パリ史を学ぶ。2019年放映NHK総合番組「ブラタモリ」初の海外ロケでパリの案内人、2023～2024年放映TBS番組「世界遺産」の「杏の世界遺産散歩inパリ」の監修を務める。著書に『パリノアトサキ』『セーヌの黒き流れ』（Kindle）など。パリの日々の風景と暮らしをInstagram「パリノイロハ」にて更新中。

山本ゆりこ　Yuriko Yamamoto

菓子・料理研究家

日本女子大学家政学部食物学科卒、1997年にパリへ。リッツ・エスコフィエとル・コルドン・ブルーにて製菓のディプロムを取得後、パリのホテル、レストラン、菓子店と異なる形態の現場で修業を積む。料理はフランス人マダムから家庭料理をマンツーマンで習得。パリにて12年暮らす間、ヨーロッパ中を旅し、様々な食文化に触れる。2000年より、フランスを中心とするヨーロッパの食やライフスタイルをテーマにした本や訳書を30冊以上執筆。現在、福岡市内に暮らし、日々のことをInstagram「山本ホテル」にて更新中。

デザイン　横田洋子
イラスト　光永 郁
校　　正　株式会社ヴェリタ
編　　集　久保万紀恵（誠文堂新光社）

写真提供　À l'Épi d'Or（p.81下）

＊本書は2016年に六耀社から刊行された『パリの歴史探訪ノート』に「現代のパリ」という章を加え、再編集したものです。データは2024年1月現在の情報に更新しています。

パリの歴《れき》史《し》散《さん》歩《ぽ》ノート
2000年《ねん》の歴史《れきし》と美食《びしょく》を旅《たび》する7日《か》間《かん》

2024年4月13日　発　行　　NDC293

著　　者　森田《もりた》けいこ　山本《やまもと》ゆりこ
発 行 者　小川雄一
発 行 所　株式会社 誠文堂新光社
〒113-0033 東京都文京区本郷3-3-11
電話 03-5800-5780
https://www.seibundo-shinkosha.net/
印 刷 所　株式会社 大熊整美堂
製 本 所　和光堂 株式会社

ISBN978-4-416-72344-9